中国乡村发现

│连续出版物│总第65辑　2023（3）│

主　编 / 陈文胜

副主编 / 陆福兴　瞿理铜　文贤庆

本辑执行主编 / 李珊珊　黄泰轲

湖南师范大学出版社

·长沙·

中国乡村发现

连续出版物 ｜ 总第65辑 ｜ 2023（3）｜

主　编：陈文胜（湖南师范大学中国乡村振兴研究院院长、中央农办乡村振兴专家委员）

副主编：陆福兴（湖南师范大学中国乡村振兴研究院副院长、教授）

　　　　瞿理铜（湖南师范大学中国乡村振兴研究院副院长、副教授）

　　　　文贤庆（湖南师范大学道德文化研究院副院长）

本辑执行主编：李珊珊（湖南师范大学中国乡村振兴研究院博士生）

　　　　　　黄泰轲（湖南师范大学道德文化研究中心副教授、哲学系副主任）

主 办 单 位： 湖南师范大学道德文化研究中心　　湖南师范大学中国乡村振兴研究院
　　　　　　　湖南省中国乡村振兴研究基地　　　湖南省农村发展研究院

编辑部地址： 湖南省长沙市岳麓区麓山路 370 号湖南师范大学里仁楼

邮　　　编： 410006

电 话 / 传 真： 0731-88872694

网　　　址： https://www.zgxcfx.com

书刊投稿邮箱： zhgxcfx@163.com

官方微信号： 乡村发现

征　稿

来稿要注重田野调查，突出问题意识；注重农村发展实践，尤其是乡村现实问题，提出能够进入农村基层实践、服务农村发展决策的对策建议；文风朴实，语言精练，通俗易懂，突出实例和数据，而非教条和空谈；篇幅在 3000 字以内，不存在知识产权争议；来稿请用电子邮件发至编辑部邮箱：zhgxcfx@163.com，并注明作者姓名、工作单位、地址及邮政编码（附个人简介及联系方式）。凡县乡干部、农民的来稿优先录用，与乡村无关或纯理论文章谢绝投稿（文学作品一律谢绝）。

小　启

因联系不便，请书中所采用图片的作者与编辑部联系，以便奉寄稿酬。

目 录

专　稿

加快推进农业高质量发展

⊙ 陈锡文

全面推进乡村振兴是新时代建设农业强国的重要任务。乡村振兴，产业先行。2023 年中央一号文件提出，推动乡村产业高质量发展。那么，乡村产业应该如何高质量发展？要全面理解乡村振兴的内涵至少要从四个层面去理解和观察。

一

实施乡村振兴战略是习近平总书记在党的十九大报告中首次提出来的，那是 2017 年的 10 月，到现在已经 6 年的时间。十九大报告的亮点就在于阐述了中国特色社会主义已经进入了新时代，同时还深刻地论述了进入新时代以后我国社会的主要矛盾，这个主要矛盾就是人民群众对美好生活的需要与发展的不平衡不充分之间的矛盾。十九大之后习总书记在 2017 年年底召开的中央农村工作会议上明确指出，实施乡村振兴战略的目的就是解决我国社会当前的主要矛盾。习总书记还多次指出，我国发展最大的不平衡就是城乡发展的不平衡，最大的不充分就是农村发展的不充分，因此我们一定要清晰地意识到在这个前提下提出的乡村振兴，它总的方向目标是尽快地解决我国社会发展的主要矛盾，发展的不平衡不充分，尤其是城乡发展不平衡和农村发展不充分的问题。

所以在党的十九大之后习总书记就多次提出了中央对乡村政策的一系列总的政策。实施乡村振兴战略总的方针就是坚持乡村优先发展，首先要深刻理解优先这个概念。其次，习总书记提出实施乡村振兴总目标就是加快推进农业农村现代化。最后，习总书记指出乡村振兴总的要求是产业兴旺、生态宜居、乡村文明、治理有效、生活富裕。因此习总书记说实施乡村振兴战略是我们在新时代抓好"三农"工作的总抓手，并特别强调要一体化推进产业振兴、人才振兴、文化振兴、生态振兴和组织振兴。这是习总书记明确提出的关于乡村振兴的目标、任务和要求，就是要通过推动乡村振兴来解决好我国社会发展中当前主要矛盾中的主要矛盾，就是农村与城镇、农业与工业发展的滞后，因此要加快发展。

二

在推出乡村振兴战略前后，我国已经成为世界经济总量第二大国。量很大，但是在不少层面质量还不高，中央一再提出要从经济大国向经济强国转变。因此推出了一系列的政策措施，包括积极推进供给侧结构性改革，也包括加快构建国内国际双循环的新格局，更进一步明确提出要实现高质量发展。这个高质量发展我想相对于农业来说任务重一些，相对于改革开放工业和其他行业的发展变化，无论是业态，还是产品的数量到质量，它的增长和提高速度大家是有目共睹的，农业在这方面相对而言滞后一些，尤其是在农产品还有很大的差距，要努力追赶。

三

乡村和城市具有不同的功能。所以实施乡村振兴要重在发挥好乡村所特有的功能，习总书记在论述乡村功能的时候曾经讲过这样一段话，他说现如今乡村不仅仅是种地，它还有生态涵养的功能，让人们观光体验的功能以及传承我国优秀传统文化的功能。我们国家通过了《中华人民共和国乡村振兴促进法》也明确提出，"要充分发挥乡村在保障农产品供给和粮食安全、保护生态环境、传承发展中华民族优秀传统文化等方面的特有功能"。我想这个"特有功能"要引起大家的重视，在一定程度上这些功能就是农村所特有而城镇不具备的，但是保障农产品供给和国家的粮食安全，维护好国家的生态环境，传承好中华民族的优秀传统文化，这些不仅仅是乡村发展的需要，也是城镇乃至我们整个国家现代化发展的需要。所以就像习总书记讲的那样，在乡村振兴中不能够比照着城市它怎么搞建设，乡村就怎么搞建设，一定要体现乡村特色，维护好生态环境，传承好优秀的传统文化。

不能比照城市最后把乡村搞得城不城、乡不乡。

乡村有很多特有的城市不具备的功能，以上三个方面是非常重要的，因此在实施乡村振兴过程中我们一定要把主要的精力放在振兴好乡村的这三大功能上，巩固农业基础、保护国家粮食安全、守护好青山绿水，这样整个国家将来才会有金山银山。再就是传承好中华民族的优秀传统文化，让我们的中华文明能够实现现代化。我想大家都理解一个人有四肢、有五官，有五脏六腑，就跟一个社会一样有城市、有乡村，你很难去比较人的器官、人的这些肢体哪个更重要，没有人会蠢到去比较大脑重要还是心脏重要，是胳膊腿重要还是手和脚重要，因为这没法作比较，根本原因就是各有各的功能，缺一不可。城市也有农村所不具备的功能，因此我们在推进现代化的过程中一定要发挥好城市和乡村各自所特有的功能，这样才能使得农业农村现代化进程健康推进，否则就是残缺和不健康的。

四

党的二十大报告中最新提出的在全面推进乡村振兴的进程中要加快建设农业强国，这里的"农业强国"到底应该怎么去理解，我们确实要花一点时间认真地去研读一下习总书记关于这方面的一系列的重要论述。对于什么叫农业强国学术界当然可以设置很多的指标去比较鉴别，但是根据习总书记关于农业强国，包括以前一系列的论述，都能看出来党的二十大报告所提出的农业强国最重要的一点就是要确保14亿多人的饭碗牢牢端在自己手里，碗里要装中国粮，就是要实现粮食安全绝对可靠。习总书记在此前曾经讲过，他说世界上那些真正强大的国家都有能力解决自己的吃饭问题。特别是2013年12月底的中央农村工作会议上他就点到过，美国是农业最强国，粮食出口大国，还有加拿大，还有俄罗斯，还有欧盟大国，欧盟大国现在英国脱欧了，欧盟大国主要是法国和德国。我们看一下2020年这几个国家粮食的生产和供求关系都达到了什么水平：其中美国的粮谷物自给率达到123.4，加拿大达到185%，德国达到104%，法国更是达到了209%。俄罗斯有一段时间粮食不能自给，但是最近这些年发展得非常快，2022年粮食总产量超过1.5亿吨，粮食谷物的自给率达到150%，已经有6000万吨谷物出口，其中4000万吨是小麦，如果实现了4000吨小麦出口能力，那它就是世界小麦出口的第一大国。

习总书记说这几个国家之所以强和他们粮食生产能力强是分不开的，在粮食问题上，在国民的吃饭问题上在国际上不必看别人的脸色，是非常重要的。所以习总书记在 2022 年年底的中央农村工作会议上强调，农业保的是生命安全、生存安全，是极端重要的国家安全。我想我们党所提出的把中国建设成为农业强国，应该把它理解为我们要做到谷物基本自给，口粮绝对安全，在吃饭问题上不能看别人的脸色。

当今世界正经历百年之未有大变局，特别是党的二十大报告阐明了在这样的背景下中国式现代化的内涵。我国人口规模巨大，我们要 14 亿多人口都建成现代化文明的话，超过现在世界上所有的发达国家人口的总和，所以它是人口规模巨大的现代化。它是全体人民共同富裕的现代化，不像有的发达国家贫困仍然普遍存在，且贫富差距还很大。它是物质文明和精神文明相协调的现代化，它是人与自然和谐共生的现代化，它是走和平发展道路的现代化。而且党在二十大报告中明确宣示，我们就是要以中国式现代化全面推进中华民族伟大复兴，这个重要意义在哪里，我想提出了中国式现代化的这五大方面，在相当程度上是对西方已有的现代化从理论到道路、从制度到文化的一个尖锐的挑战。我们是要走现代化的路，要实现现代化，但是不会走西方国家已经实现的现代化的道路，我们要明确两个方面的内容。一是我们要走的现代化的道路，是中国式的现代化。二是我们发誓一定要实现我们中国式的现代化。应该说这对西方国家是一个严峻的挑战，因此也不可能不引来他们对我们的遏制打压。在这个局面下，我们一定要清醒地意识到中国作为一个人口大国在粮食安全和食物保障方面，还是有软肋。

改革开放四十五年来我国粮食产量的增长是有目共睹的，1978 年粮食产量 3 亿吨多一点，2022 年的粮食产量超过 6.8 亿吨，翻了一番还多，这是了不起的成就。所以习总书记说要巩固和拓展这个伟大的成就。即便我们 2022 年粮食产量创造了历史新高，达到了 6.8 亿吨，但是大家也都知道我们进口的粮食总量还有 1.46 亿吨。我们实际消费的粮食总量超过 8 亿吨，但是我们的产量只有 6.8 亿吨，所以大家也看到了最近三年平均下来我们每年需要进口粮食大概 1.5 亿吨。光进口这些粮食其实还不够，尽管我们现在做到了谷物基本自给，口粮绝对安全，但是了解农业的同志都知道，我们在饲料上、在油料上、在糖料上的进口量还是非常大。在饲料上我们每年进口 9000 万～1 亿吨的大豆，除了榨取食用植物油之外，主要是豆粕，光是豆粕一项就是近 1 亿吨，进口回来能榨出的豆粕大概 7000 万吨。此外还要进口 2000 多万的玉米。此外国内还经常要用一些稻谷和小麦去弥补饲料的不足，否则我们的畜牧业不可能发展这么快这么大。而食用植物油，我们现在的消费量已经在 4000 万吨／年，国内每年生产量是 1200 万吨左右，食用植物油对国际市场的依赖程度超过 2/3；糖，我们现在每年消费 1500 万～ 1600 万吨，自己每年也只能生产 1000 万吨左右，要从国际市场进口五六百万吨，所以糖的供求缺口也达到了 1/3。这就是我们农业生产和居民消费需求之间的差距，所以在这种很可能会出现风高浪急甚至惊涛骇浪的国际形势下，我们怎么确保国家安全：就是我们必须牢牢守住我们自己的底线，任何国家它的底线就是一条，必须保障自己的国民有饭吃，能吃饱，做不到这条这个国家是很难自立自强的。

在关于什么是农业强国的讨论中，学术界也有不同的声音，有些国家提出他们也是农业强国，比如日本、以色列，应当承认这些国家在农业科技进步、充分发挥市场机制、利用国内国际两个市场方面确实取得了令人瞩目的成就，但是根本问题是这些国家都没有能力解决自己的吃饭问题。2020 年日本的谷物自给率只有 32%，荷兰的谷物自给率只有 9.4%，以色列的谷物自给率只有 5.8%。所以国际上一有风吹草动，一旦供应链断裂，我不知道它们会面临什么样的情况。同时还要看到这三个国家跟我们相比人口规模是不可同日而语的，因此他们通过在国际市场上发挥自己的比较优势，出口自己的优势产品，再去换取粮食和食物进口，风险要比我们小很多。像以色列到现在还没有达到 1000 万人，荷兰是 1700 万人，日本算是一个大的，1240 万人，也只相当于我们人口的 9%。所以从这些角度来讲，小国可做的事情大国不敢做、不能做。正像习总书记讲的那样，如果口粮需要进口，饭碗被别人拿住，看着别人的脸色吃饭，还搞什么现代化建设。从这个角度去看，推进一个科学完整的乡村振兴，在这个角度上不能出现大的偏差。这是我想讲的第一点。

第二点，加快推进农业进入高质量发展阶段。我们的农业在这些年来有了巨大的发展，粮食产量达到了 6.8 亿吨，蔬菜产量接近 8 亿吨，肉类产量 9000 多万吨，其他很多农产品的产量都属于世界领先，但是我们也得承认我们的农产品很多方面质量不高，不能适应市场的需要，因此从田头到餐桌的过程中农产品损耗浪费的比重非常高。据国家有关部门调查和测算，我们吃到嘴里的粮食、水产品、肉类、奶类和蛋品等主要的食物农产品，如果按照它们的重量进行价权平均和计算的话，从田间到餐桌的过程中，整个损耗和浪费要占到总产量的 22.7%。无论是哪个农产品产量，增长 5%、增长 10% 你想容易吗，但是好不容易生产出来的东西由于各种原因损耗浪费了 22%，你想多么可惜，浪费了多少农业资源，浪费了多少农民的努力。针对这样的问题，我想产量是需要的，但是我们不能单纯提产量，一定要努力提高品质。

这么大的损耗其中涉及很多原因，比如说流通问题、仓储问题、加工水平问题、营销手段问题等，但是无论如何，最终品质不高不适应消费者的需要，这是一个非常大的问题。从这个角度来说，不能适应市场需求的产品，生产出来也卖不出去，更卖不了好价格。下一步我想在推进乡村振兴的过程中我们要高质量发展农业，要把更多的精力放在提高各类农产品的品质上，尤其是打造各类特色农产品，特色农产品的发展在乡村振兴中具有重要的地位和作用。但是无论如何，实现农产品高质量发展是一个系统工程，不是仅仅靠农民自身，靠农民合作社，也不仅仅靠几个企业自己的努力就能够实现，应当系统分析我国当前食品供给到消费，也就是从田间到餐桌整个过程中存在哪些突出的问题。我个人对这个问题研究不深，但是总感觉有这么几方面的问题需要我们共同去面对。

第一，当前存在着很多农产品生产结构雷同、品质同质化严重的现象，于是很多地方就出现了生活过剩。我进行了调查研究，也跑了不少地方，尤其在脱贫攻坚过程中，各地调整了结构，努力想增加农民收入。但是调整的结构，新增加的生产产品，往往像刚才讲的结构雷同、品质同质化、品种同质化，比如很多地方你去看都是猕猴桃、葡萄、大枣、核桃，结果市场上容纳不了这么多，当然这跟我们的加工能力上不去也有关系。于是很多产品的价格就像过山车一样，一开头上来价格很高，三年五年之后各地都进入了盛投期、盛产期，价格就下来了。从这个角度来看是生产者未及时了解准确的市场情形，消费者到底需要什么，需要多少不了解，而生产者除了我之外还有别人谁在什么地方也在生产同类的品种，我也不知道，这样一种盲目的生产必然导致产品过剩，最后导致大量浪费。

第二，很多地区缺乏自己的"土特产"。我们讲的高质量发展不仅仅是几个土特产高质量发展，应该是全部农产品高质量发展，我刚才讲到的缺乏主打农产品，不少地区缺少主打农产品，这个问题在最大宗的粮食生产作物中就表现得特别突出。为什么这么说，像粮食的主要产品无非就是小麦、玉米、水稻这样几个主要的，但是这样的一些品种，稻谷或者小麦，也可能一个县种的品种就有十几二十个，甚至更多。所以你要让农民生产优质农产品，他认为自己生产的都是优质的，但是十几二十个农产品等到采购收购上去的时候就难办了，各个不同的品种最后都集中到了同一个仓库里，都混在那里，没有办法做到优质优价。各级政府要求垃圾分类，每个家庭都辛辛苦苦把垃圾分了三四类，分别倒在不同的桶里，最后大早晨运垃圾的车来了，所有的桶都倒在一个桶里拉走了，这种局面在我们农业生产中特别是在大宗农产品中非常突出。所以怎么样引导农民生产优质农产品，而且要形成一个地域一个地区范围的主打品种，实现农产品的优质优价，这是值得我们深思的问题。

第三，农产品在营销、储存、加工等方面的基础设施明显不足。尤其是鲜货农产品，我们现在的物流冷链能够覆盖的鲜货农产品只占19%，80%以上的鲜货农产品都是在常态下跟其他的货物一样运输，气候的变化、鲜货农产品自身保存的难度等又造成了大量的损耗以及食品污染。

第四，各类农产品的深度加工能力不够。我们农产品的加工已经占到42%，虽然是值得可喜的目标，但是同世界各国发达国家相比，农产品的加工值往往都要相当于农产品自身价值的两三倍，我们在这方面还有很大的差距。

这几个方面的不足，制约着我们整个农产品实现高质量发展。解决这些问题我想非常重要的一点是必须认识到它是一个系统，仅仅靠农民，仅仅靠农民的合作社是不够的，仅仅靠几个愿意为农业农村服务的企业去做也是不够的，应该按照系统观念，政府部门、公司企业、社会资本、农民合作社以及农民个体结合起来协同发力，认真地解决好这个问题。

我们都知道要想打出品牌来，你的产品的品质就是必需，要想发展特色农业，打造优秀的品牌，首先要把努力放在农业生产上，放在农业生产上才能让农产品有一个好的品质，才能为以后的加工、运输、销售创造好的机会。要做到这一条我想前头讲到的几大问题我们一定要加倍努力去解决。

第一，要给农民提供完整及时的市场信息，什么地方需要什么，什么地方已经在生产，你怎么去选择，这是非常重要的，也是解决我国当前农业生产中刚才讲到的结构雷同、品种同质化很重要的一个措施。在这方面我想政府是掌握市场信息最完整的机构，它有责任也有义务及时地向全国农民发布这样的信息，引导农民按照市场需求去生产。

第二，我们能看到农民是非常勤劳，而且非常愿意为自己的增收，实现自己的美好生活不断地付出他的努力的。但是问题是仅靠农民已有的科学文化知识，往往使得农民没法辨别哪个是优良品种，没有办法自己去形成这些优秀的或者是优质的养殖和栽培技术，更不知道怎么能够快速地把自己生产的农产品销售出去并销售一个好的价格。从这个角度去看政府在提供全面信息的情况下，我想更多地社会资本和公司企业在这方面要比农民的能力强得多，要把这些带进去。让农民通过公司企业的帮助让他们掌握最先进的科学技术，能够了解最优秀的品种，学习怎么采取更先进的销售手段把它销出去。

我们有些企业下乡存在理解偏差，我觉得最主要存在两个误解。一是认为公司企业社会资本进农业，就是要到农村去争一块资源，拿一块地。坦率地说，农民现在的就业不充分很重要的一个原因除了转移有困难之外，再就是人均耕地太少，你现在去争一块资源，农民日子能过得更好吗。我想公司企业去做农业首先不应该跟农民争地，其次很重要的一条，不要去抢农民的饭碗，农民能干的事要让农民干，公司企业社会资本去要多看农民自己干不了、干起来不划算、不会干的事，这样的合作农民才会欢迎，才能让中国的农业打破小农户的耕地，而让企业社会资本进入农业受到切实的欢迎。我想这两条特别重要，一个是不跟农民争资源，第二让农民自己去做他会做的事，你去引领他提高生产质量，让他能找到优良的品种，能找到先进的种养殖业的技术，能够找到快捷的销售方式。

我们已经进入了信息化的时代，习总书记曾经讲过，进入信息化时代以后，我们的"四化"同步，工业化、信息化、城镇化、农业现代化这"四化"同步发展，跟已有的发达国家都出现了明显的差别，有可能走不完全相同的路。现在已有的发达国家的现代化大多已经有200年的历史，很多是英国工业革命以后才进入，这些国家在推进工业化、城镇化、农业农村现代化的时候，坦率地说那个时候世界上还没有信息化，所以它只能按部就班地先推进工业化，再推进城镇化，再推进农业农村现代化，到了后来有了信息化了，再利用信息技术去提升和改造全面成长为现代化。而习总书记讲我们国家的现代化跟他们不一样，因为我们在工业化、城镇化的进程中信息化就横空出世了。所以这些发达国家的现代化是"串联式"的现代化，他们是工业化、城镇化、农业农村现代化到信息化，是顺序推进。但是我们可以充分地运用信息技术带给我们的便利，充分地发挥信息加入全面"三化"之后无所不能的快速沟通以及溢出效益，来加快我们自己的发展。

所以习总书记讲我们的"四化"同步跟他们不一样，他们是"串联式"的发展，我们是"闭联式"的发展。把信息化加入其他的"三化"里，按一个开关四个灯都可以亮，所以我们这"四化"是叠加式发展。因此，从这个角度去讲，我们的生产企业社会资本进入农业，要给农业农村带去他们还比较陌生、还掌握很少的信息化的技术，用这个技术来推动中国农业的高质量发展，实现乡村振兴这个目标。

（作者系湖南师范大学中国乡村振兴研究院首席专家、中央农村工作领导小组原副组长兼办公室主任，第十三届全国人大常委、农业与农村委员会主任委员）

时政解读：名家讲座

城乡中国格局下城乡融合实现的有效路径

⊙ 刘守英

现在面临的第一个问题是中国已经进入一个城乡中国的格局状态，比如64%的城市化率，这个城市化率表示实际上整个中国的空间已经形成两个空间，一个是乡村空间，一个是城市空间。形成乡村空间和城市空间以后，现在到底继续单向地走城市化的路，还是像有一些所谓的把要素都回到乡村，是这么两个极端的路。我们需要思考下一步的中国城乡发展，也是乡村发展的时候，一定要考虑到现在的现实是城乡的巨大差距，这个是跟世界各国在城市化率达到70%这个状况以后，非常大的一个反差，就是巨大的城乡差距。

第二，现在3亿人一定要他回去，比如说现在城市化，让他去落到城市，人口的城市化，但是现在落不下来的，整个城市化的模式还是一个回村的城市化模式。

第三，农业竞争力没有提高，而是下降。世界各国农业占GDP的2%，由2%的搞农业的人来做，所以在农业份额下降的过程中，农业的生产率是提高的，农业的竞争力是提高的，农业的回报是上升的。我国是农业占GDP的6%，将近25%的人在从事的农业，农业竞争力就大幅度下降。带来的一个结果是什么？就是要素重组的困难，人不能进城，土地跟人口之间的关系不能调整，其他要素，像机械等这一些投入的提高，反而带来成本的上升。所以在整个城市化的过程中，由于这种反常的城乡发展模式，带来农业竞争力的下降和乡村的困局。所以中国这一轮的乡村困局，跟历史上是有非常大差别的。

传统的中国乡村没有结构变革，没有结构变革带来的结果是什么？就是要素在乡村内卷，这里面以家庭为单位，对土地过密的使用，提高土地生率率，另外对劳动的过密使用带来农民辛劳程度的提高，但是整个乡村的要素困到乡村，乡村没有发展的前景。

集体化时期，乡村的困局使我们对乡村进行改造，包括组织方式的改造，包括产权制度的改造，包括城乡关系的改造。这期间有结构变革，有了工业化，但是这个工业化是将乡村排斥在外的，乡村服务于国家工业化，没有参与到工业化的竞争，最后体制的成本和束缚就会带来乡村的困境。

这一轮的乡村困局，我认为它是大力转型下乡村系统功能的失衡和失去活力。所以这个失衡是什么？整个中国乡村这一轮有结构变革，跟传统集体化时期相比，最大的差别已经有了结构变革，大规模的工业化和城市化，人也出村了，但最后带来的结果是什么？结果是整个乡村由于在结构变革中的各种因素，带来人口、土地、村庄和产业之间不匹配，就会产生的功能失衡。功能失衡，现在核心的问题：

1. 人的问题

三代人对未来的城乡关系必须要有正确的认识，第一个是什么？就是农二代继续不回村的趋势，那他们的归属未来到底在哪里？而这个归属基本上决定了中国未来现代化的走势。农三代现在的核心问题就是他们的城市权利，就是他们的生活方式已经完全城市化了，这一代人如果不能获得城市的权利，中国的现代化将面临重大的社会稳定问题和整个城乡断裂的问题。三是农一代如何体面地老去，现在已经不是说他在农村搞农业，到底谁去搞农业的问题，是我们这一代人如何对待他们，和他们的老去。

2. 产业的问题

乡村的凋敝根源于产业的凋敝，那么产业凋敝的根源是什么？根源是我们对农业的认识。中国的农业未来到底是走单一化还是走复杂化道路，这个是我们要重新思考的问题。长期以来，我国为了推进工业化和城市化，以保粮食安全作为农业产业最重要的功能，最后使中国农业产业市场变得越来越单一。所以根据中国的历史和东亚的情况来讲，农业的产业不是变得越来越单一，农业长期保持一定的复杂性，来实现了整个乡村产业，有农业，有副业，有工业。如果我们农业产业变得越来越单一的话，农业的回报率也越来越低。尽管我们现在开始扩大规模，但最后的结果是什么？结果是要素组合不匹配，最后仅有规模的扩大，解决不了农业的竞争力的问题，农业没有回报，外面的要素也就进不来，乡村也就没法实现产业的多样化和复杂化。

3. 住房的问题

表面上是乡村的住房条件改善，但本质上是城乡财富积累的差距和积累方式的不平等。中国城市化的过程，实际上是城里人通过住房的资本化，来增加财富积累的过程。但是农民由于不能在城市市民化，所以农民的财富积累在城市没有通道，只能将在城市积累的这些收入回到乡村去盖房，但乡村的住房不是财富，所以它一方面不能在城市积累住房财富，另一方面回到乡村的住房又不是财富，又不是财产，导致城乡财富的巨大差距。

4. 土地问题

这种土地制度下，土地利用的效率极低，配置的效率极低，土地的空间配置极糟。另外就是乡村的无序和乡村发展没有土地的支撑。

中国乡村的问题核心是一种功能性的。所以在思考乡村未来发展问题的时候，首先要思考城乡形态，70% 的城市化率以后的城市和乡村的形态到底是什么样的。美国的整个城乡形态，不是只有一个城市形态，美国的整个城乡空间形态是三个空间，一是城市空间，中心城市空间，二是外围的郊区空间，三是非都市区。这三个空间实际上非常完整地诠释了 70% 的城市化率以后的城乡形态，它是一个城乡融合的形态。所以推动城乡融合形态最主要的力量是什么？是郊区，郊区化，这里面表现为郊区人口的增长、郊区人口的迁入，还有一个就是郊区和中心城区收入差距的缩小。乡村的多样化，第三个空间就是非都市圈，这个空间里面很重要的表现就是乡村和小城镇的发展，在这里表现为是什么？整个非都市区人口也开始不是只往外走，还是有人回来。另外还有乡村经济多样性和乡村产业的非农化，所以这样城乡居民收入差距开始缩小，笔者认为城乡融合的形态是城市化率 70%以后的基本形态，我们未来要寻找的就是如何实现一个城乡融合的形态。

如何寻找城乡融合的路径，我个人的观点就是一定要改变两种极端的思维，现在单向的城市化思维和完全的乡间思维都不是城乡融合的基本路径。现在要走向城乡融合路径，首先要对城乡融合的三个空间进行认识。

第一个空间是都市圈。怎样城乡融合，有点类似于发达国家已经形成的城乡融合形态，就是从乡村到城市形成一个连续的城乡融合的联系体，再到城乡之间经济的功能有一定的差别，但是城乡没有等级的差别，城乡的社会实现融合，从村到城流动。

第二个空间是大城市的郊区。这个一定要有认识的。现在大城市郊区是城乡隔离最明显的地区，原因在哪？原因就是把大城市的郊区还是等同于传统的农村。所以我觉得在城乡融合的形态里面，大城市的郊区化应该作为城乡融合的重点区域，郊区的乡村一定要跟城市融为一体，在整个功能、规划、要素配置上实现一体化。

第三个空间是传统的县城。我不主张这些地方以县为单位直接延伸到乡村的城乡融合，这个做不了。因为传统的县城没有那么大的功能来支撑整个县域范围内的城乡融合，我觉得核心是县城和延伸区的融合。

所以，推进整个城乡融合土地配置的改革非常关键。有三点：一是以都市圈为尺度来进行土地的功能和空间配置，二是统一的土地权利体系，三是统一的土地市场。乡村这一块，通过调整城乡融合的空间失衡状态，来实现乡村功能的再配置重构，农业的工业化两个份额的同步，改变现在农业的GDP跟农业就业的份额两个比例不同步的状况，来提高农业的生产力和要素的配置。农业生产要素的重组和升级，整个中国农业的产业革命最重要的不是单要素的突破，而是要实现农业的人口、土地、资本、服务，包括技术等要素的匹配和重组和升级。提高单位土地的回报率，中国传统是靠提高土地生产率来支撑着中国几千年的农业文明。在农业产业振兴的过程中，现在还是在土地上要"做文章"，但是要提高土地的效率，提高单位土地的报酬，而不是简单地提高土地的生产率来保持它的升级。土地配置的重构，需要进行一场整体性的土地配置重构，现在整个乡村的土地配置太为破碎，进到一个村庄以后，各种功能的土地，闲散的土地，还有被分割的土地，导致整个乡村支离破碎。应该把以乡村为单位的土地筹划作为整个国家乡村战略的重要内容。

"三个改革"，农地的改革、建设用地的改革和宅基地的改革。有了前面的这些变化以后，人就会发生改变，现在是单向的人出去；有了城乡融合的形态，有了产业的革命，人就会发生一些变化，一部分出村的人就会回来，还有一些农业企业家就会进来。有一些喜欢乡村生活方式的人就会被吸引来，像李小云，对乡村有想法的人进来，最后对传统的农业人力资本进行改造和利用。最后整个村落形成一个新的形态，大多数的村庄实现体面，一部分的村庄实现活态。村落的半径适度集中，我不主张村庄进行大规模的行政性的集中人口的集聚，但是原有的传统自然村落过小的半径已经不适应现在的乡村形态，应该随着农业发展方式的转变，扩大村落的半径尺度。

乡村村落功能的空间定位，已经不是传统中国乡村村落功能，现在很重要的是什么？比如文化的功能，老百姓聚集的功能，提供基本公共服务，使一些老人在这里聚集，村庄的基本公共服务要均等化，最后实现的是什么？整个村庄是老人在这里能够体面老去的这么一个地方。外面游子在相对集聚的村落，能够真正作为乡愁寄托的地方，村庄适度地开放以后，成为外来的人进到乡村、体验乡村的生活方式和追求他们的生活方式的地方。

（作者系中国人民大学经济学院书记／院长、教授，中国农村发展学会副会长，该文系作者在中国农村发展高层论坛 2022 上的主题演讲）

县域空间是城乡融合的具体场景

⊙ 杜志雄

　　城乡融合与乡村振兴是一个涉及能否通过乡村振兴促进农业农村现代化，从而确保国家整体现代化建设顺利推进的重大理论和现实问题。乡村振兴战略和新型城镇化战略是实现中国式现代化建设目标的两大重要战略支柱。这两大战略的结合点在于"城乡融合"发展。这两大战略的推进思路如何、出发点和落脚点是什么、城乡融合的深度与广度怎么样，直接决定我国城乡关系的走向。

　　我个人认为，城乡融合是要求对乡村振兴战略和新型城镇化战略采取协调推进的总思路，或者说城乡融合应该是推进乡村振兴战略和新型城镇化战略的出发点和落脚点。因此，我们就很容易理解，党的二十大报告为什么要在第四部分"加快构建新发展格局，着力推动高质量发展"的帽段里面明确指出"着力推进城乡融合和区域协调发展"。帽段意味着总思路，这就表明，党的二十大报告是把城乡融合放到高质量发展的内在要求或者本质特征这样的高度去讲的。也就是说，高质量发展体现在城乡关系上必然是城乡融合的，高质量推进乡村振兴战略和新型城镇化战略必须以城乡融合的发展理念来指导，并以城乡融合的发展状态为结果。

　　"十四五"乃至未来更长一个时期内我们要在城乡融合的"理念指导和目标追求"框架下推进乡村振兴战略。目标清楚了，路径问题则凸显出来。城乡融合在哪里融合、融合什么以及怎样融合就成了具体实践中的关键问题。对此我谈两点不成熟的看法。

第一，我们要明确县域空间是城乡融合的具体场景。城乡融合不是抽象的，要在一个具体的、现实可操作的空间上谈城乡融合，这个空间就是"县域"，就是要在"县域"这个空间上探讨城乡融合和推进新型城镇化与乡村振兴战略问题。以前大家在讨论城乡融合问题的时候，并没有讲清楚是哪里的"城"和哪里的"乡"融合，是北京的城和陕西的乡吗？还是延庆的城和延庆的乡？显然，我们需要在讨论城乡融合时首先确定空间范畴，然后再思考这个空间范畴内的城和乡的融合发展等系列问题。县域空间是城乡融合的具体场景。

"郡县治、天下安"。推动城乡融合尤其要重视县城的作用。县城在中国历史上长期处于地方政治、军事和治理的中心。近代以来，尤其是1949年中华人民共和国成立以后，其还承担着国家工业化和城镇化的重要历史使命，具有联结城乡、沟通上下的特殊功能。2021年发布的"十四五"规划明确指出"以县域为基本单元推进城乡融合发展，强化县城综合服务能力和乡镇服务农民功能"。2022年5月发布的《乡村建设行动实施方案》进一步指出"发挥县域内城乡融合发展支撑作用，强化县城综合服务功能"。这些都有将县城定位为县域综合服务中心的含义。因此建好县城，真正发挥好其作为县域发展综合服务中心的作用，是实施好乡村振兴和新型城镇化两大战略、实现城乡融合发展的重要体现。

在新型城镇化战略里，需要高度重视县城（以及一些大的建制镇）在城乡融合推动高质量发展中的作用，在某种意义上是一种过去这些年一味地重视城市群都市圈和大城市发展的城市化战略的纠偏。大中小结合、宜大则大宜小则小的城镇化战略在中国这样国情的国家，可能才是正途！

第二，乡村振兴三大重点任务即乡村发展、乡村建设和乡村治理是城乡融合的具体领域。城乡产业、基础设施、公共服务和治理都要实现深度融合。乡村产业振兴，要用"县域全产业链"的思路考虑乡村产业发展问题。乡村产业如果要实现高质量和可持续发展，就必须实现每个产业链条的成本最低以及产业链之间一体化成本最低。县域这个空间范畴内也是实现这种单个链条环节低成本和多个链条一体化低成本的理论空间。2021年中央一号文件提出要以县域为单位打造农业全产业链，且提出要将产业链主体放在县城。这是城乡产业融合、产城一体两大战略共同推进的具体要求。

县域城乡融合框架下的乡村振兴还要求我们要高度重视"县乡村基本公共服务一体化"这个当前阶段很有必要又切实可行的，既能支撑乡村振兴又能更好实现共同富裕的发展路径。从理论上看，基本公共服务既是经济发展的手段或动力（基本公共服务如教育可以提升人力资本从而提升长期的潜在增长率），也是发展的目的之所在（发展的目的是提升民众的生计水平，而公共服务是提升农民生计水平的另一条重要路径）。城乡融合的乡村振兴要有城乡融合的基本公共服务一体化为特征和支撑。比如说，我们不能抽象地谈论城乡教育一体化，而是要在特定县域内谈城乡教育一体化的水平或者发展程度的提升。城乡教育一体化的一个可行路径就是在县域内的县乡村层面推进教育一体化。县乡村基本公共服务一体化能真正改变以前的"城有乡无""乡有乡差"的局面，实现真正意义上城乡公共服务的均等化和融合化。

（作者系湖南师范大学中国乡村振兴研究院专家委员，中国社科院农村发展研究所党委书记、研究员，该文系作者在中国农村发展高层论坛2022上的致辞摘要）

潍坊：中国农业现代化的希望之地

⊙ 房宁

中国自古以来就是个农业大国。齐鲁大地古来便是中华农业文明的发祥地之一，海岱农耕闻名华夏。然而，直到改革开放之前，中国还是一个农业社会，并且由于种种原因，那时的中国正在日益落后于世界。改革开放使中国焕发了青春活力，极大地推进了中国的工业化、现代化发展。

现代化是人类文明发展的普遍趋势，是人类社会发展的必经阶段。现代化的经济基础即是工业化，因此，人们也经常将工业化与现代化连用。中国是个农业文明古国，是个人口大国。相对于庞大的人口规模，中国的可耕地不足，全国耕地面积为19.18亿亩，人均耕地不足1.5亩。美国是世界第一粮食及农产品大国。美国人口约为中国的1/4，可耕地面积约为中国的1.5倍。美国农业人口在总人口中的占比仅为1.3%，农业生产者仅有600万人，却生产了全球总产量16%的粮食，美国出口粮食占到世界粮食市场的1/3。美国之所以有如此高产高效的农业，得益于美国得天独厚的自然条件和农业生产方式以及农业科技。

条条大路通罗马，大路条条各不同。世界各国都要走向现代化，但各个国家走向现代化的道路不一样。与美国相比，中国现代化道路具有自身的特点。美国现代化是通过全面的工业化实现的。以美国的农业来说，由于地广人稀、自然条件优越、土地耕作条件好等因素，美国用普遍的机械化、化肥化，即物理农业、化学农业，实现了农业现代化和农村地区的城镇化。中国由于人多地少，农村人口占到人口总量的绝大多数，人地矛盾尖锐，使中国无法直接通过工业化实现农业和农村的现代化，结果农业、农村、农民一直是中国现代化的弱项。40 多年改革开放，中国沿海经济发达地区的城市快速发展，实现了工业化。但中国广大农村地区仍然处于落后状态，广大农村，特别是 18 亿亩以种植业为主的农村地区，尚处于半自然经济状态，在整体上还没有进入工业化阶段。根据这一基本国情，中国全面实现现代化的关键在于农业、农村、农民即"三农"的转型，从传统农业、农村和农民向现代化的新"三农"转型。

中国农业、农村现代化的传统思路是实现农村的工业化。早在 20 世纪 30 年代费孝通先生就提出了发展乡村工业的农业、农村现代化的思路与路径。费孝通在他的名著《江村经济》中指出："我们必须认识到，仅仅实行土地改革、减收地租、平均地权，并不能最终解决中国的土地问题。""最终解决中国土地问题的办法不在于紧缩农民的开支而应该增加农民的收入。因此，让我再重申一遍，恢复农村企业是根本的措施。"改革开放以来，中国农村地区的现代化就是按照发展乡镇工业，实现乡村工业化的路径实行的。经过近半个世纪的发展，中国乡镇工业崛起，有力地支持了中国的工业化，支持了中国成为"世界工厂"。中国农村地区，特别是中国东南沿海农村地区的工业化，在支持中国整体工业化进程的同时，大量转移了农村人口，进而提高了农村地区的收入水平，改善了农民生活。改革开放以来出现的"苏南模式""温州模式"便是如此。但是，乡镇企业崛起和农村地区的工业化并没有给中国农业、农村的转型升级带来实质性的促进和改变，并没有实现"三农"的现代化。这是中国农村现代化不同于美国以及许多西方工业化国家的地方。中国部分农村地区的工业化并没有带来中国农业的改造和现代化，这是中国现代化进程中的最大挑战和亟待解决的根本性问题。

农村地区的工业化没有带来农业性质的改变和提升，农业生产的低效和农产品低附加值是核心问题，是问题的症结所在。在实现中国农业、农村的现代化的探索中，人们终于看到生机勃勃、充满希望的潍坊模式。潍坊模式为中国农业、农村的现代化乃至为中国整体的现代化事业提供了一个典范，走出了一条新路。这条新路就是农业的产业化。农业产业化是中国农业、农村、农民现代化必由之路。

潍坊的农业产业化模式有三个创新之处，这也是潍坊模式的价值所在。

第一，创造高附加值农产品。谷贱伤农，是传统农业的痼疾。在中国社会整体工业化、现代化的背景下，潍坊农业创造出了高品质的、高附加值的农产品。这是多年前潍坊瞄准中国工业化、现代化进程，获得城市工业化红利发展农业的关键之举。"绿水青山就是金山银山。"这句话是有前提条件的，就是城市高收入、高消费群体的出现。否则的话，绿水青山就还是绿水青山。现在潍坊的超季节蔬菜，高品质、高附加值的粮食、蔬菜、畜禽、花卉、苗木、果品大大提升了潍坊农业的效率，在同样土地上创造了更大的价值。以"戴安娜番茄"为例，普通番茄价格不到 2 元时，"戴安娜番茄"的终端零售价可达 20 元，是普通番茄的 10 倍。高附加值农业是农业产业化的核心价值。

第二，现代农业科技赋能。创造高附加值农产品的前提是现代农业科技的发展和广泛应用。潍坊多年来高度重视农业新科技的发展，用不断探索发展的农业新科技创造高附加值产品，用最新的管理科技扩展延伸产业链，利用高科技、新技术进一步提升附加值，造就了高效农业，形成了品牌优势。以北京大学现代农业研究院为代表的一批科研机构进驻潍坊，大批科学家、科技人员遍布潍坊城乡，高科技、新技术支持、促进了农业产业化。

第三，土地流转为高效农业提供制度保障。现代农业需要现代产权制度作为制度保障。这在当下的中国，在中国农村集体土地所有制的条件下，尤其如此，尤其重要。现代高效农业需要土地的适当集中，需要适度规模，需要有稳定的、可预期的土地制度。改革开放之初实行的以家庭联产承包责任制为基础的农村集体土地制度的改革，为焕发农民的生产积极性发挥了巨大作用。但随着农业、农村的发展，家庭联产承包制下的土地制度逐渐带来的对农业、农村进一步发展，特别是对农业产业化的约束，不利于新的农业生产主体、新的生产方式以及新的生产要素的进入。

过去 20 年间，土地流转在一定程度上缓解了家庭联产承包责任制对农村土地资源开发利用上的制约。但土地流转仍然没有从土地制度上解决和克服家庭联产承包责任制对农业产业化以及"三农"现代化的制约，没有提供一个基本的、长远的土地制度保障。我想，这也是未来潍坊模式，潍坊的农业产业化发展，最终要克服、要超越的一个制度瓶颈。

祝贺潍坊农业产业化对中国现代化事业的历史性贡献。现在人们可以说，看中国的农业产业化、现代化，就是要看潍坊。希望潍坊在未来继续探索的路上，为农业产业化、农村现代化发展再创新、再创造，为中国现代化事业作出新的贡献。

（作者系湖南师范大学中国乡村振兴研究院专家委员，四川大学讲席教授、中国政策科学研究会副会长。该文系作者在"潍坊模式论坛"上的学术报告）

城乡融合下的乡村建设

⊙ 李小云

中国的城乡差距形成有着自身的特殊原因，缩小城乡差距是"建设宜居宜业和美乡村"的必然要求，也是实现共同富裕的重要内容。今天的乡村和过去的乡村已经完全不一样，乡村建设的核心是要坚持城乡融合的机制，让留在乡村的人口的生计和福利得到改善，从而缩小城乡差距和实现共同富裕。

一、城乡差距由何来

大家都关注到了我国城乡差距比较大的问题，这也是今天我们推进乡村振兴的背景。从比较视角来看，与原发性现代化国家英国情况不一样的是，英国先有农业革命，后有工业化，中国的工业化和城市化是从 1840 年这个节点开始的，是在没有实现农业革命的情况下被动式地进入了工业化和城市化，再主动推进农业革命的过程。这是一个差异。第二个差异是英国有个特殊情况，农业和工业的联络是靠特殊阶层：地主阶级，农民两只脚一只脚在乡村里，一只脚在城市里，自己挣到钱到城里投资，这是英国的特殊情况。在这样的情况下，英国的城乡差距是存在的，这个差距经过了一百多年，但最终走向了一个相对比较和谐的状态。我国作为一个后发性的国家，一方面本身有牺牲乡村农业、农民推进工业化城市化的问题，这其实和原发性现代化国家也有类似的地方，即原始积累；另一方面我们又是一个赶超型的国家，即后发赶超，以民族主义的力量，通过政治上的推动力来推动后发赶超，在这个赶超过程中产生的很多人为干预问题，成为导致今天城乡差距问题的重要因素。

二、为什么要解决城乡差距

为什么一定要把城乡差距解决呢？大概有四个方面的原因：一是从政治角度考虑。二是从经济角度考虑，农民都不愿意种地，乡村的经济意义在萎缩。三是社会原因，很多人愿意回到乡村，但是乡村基础设施条件不好，公共服务体系不健全。四是生态遭受破坏，乡村生态功能下降。

我们今天的乡村功能与 20 世纪七八十年代是不一样的，那个时候的乡村是国民经济非常重要的主体，今天的乡村经济已经没有那么大的意义，农业占 GDP 的比重只有 7% 左右，加上农产品加工等各个方面也最多占到 16%。今天的乡村所感受到的矛盾也不是我们过去所想象的那些问题，像过去的乡村土地问题、干群关系问题、计划生育问题、提留问题等，都已经没有了。今天的乡村也很少有人去上访，因为并没有那么多复杂的事情。除了过去近郊区拆迁问题以外，农民对土地问题不感兴趣了，因为在土地上赚不到什么钱。很多人关注宅基地，其实即便把宅基地放开了，自由化了，又有多少人会到乡村去买地？这都是非常值得思考的问题。乡村的实际和我们对乡村的认识不太一致，从这个角度来看，今天的乡村和过去的乡村不一样，无论是居住的人口、经济意义、社会意义都完全不一样了，这是我们理解乡村的重要前提。

在中国式现代化进程中，农业农村现代化是短板，让我们感觉必须通过乡村建设来推动现代化，其实这是一个误解。中国的现代化还要继续地依靠城市化、工业化，特别是新型城市化、新型工业化，这是不能忘记的。我们需要 800 多万经营 100 ~ 140 亩规模的农户，但现在只有一百多万，这个规模的扩大要靠什么呢？要靠从事农业人口的继续减少。所以乡村振兴的第一个挑战就是农业现代化，农业现代化的核心问题还是如何形成相应规模的问题，没有相应规模是很难实现现代化的。我们往往希望把特别小规模的农户通过社会化服务组织起来，这样依然是有成本的，不可能保持这么大量的小规模农户来实现现代化。因此，总体来讲，乡村振兴、农业现代化还是要靠工业化、城市化，尤其是要形成县镇村空间的整体。

三、留在乡村的人口怎么办

关于这一问题，我主要想讲讲我在云南实践的情况。我在云南一共 25 个村庄建设实验，已经建完了的村庄有 12 个，正在建设的有 11 个，大概覆盖了云南的怒江、临沧、西双版纳、昆明、昭通、曲靖等不同地方。

我的基本思路是只有工业化、城市化继续推进，才能够实现现代化。我不太相信保持规模巨大的乡村人口在乡村，还能够实现现代化，除非重新定义现代化。中国式现代化特点恰恰在于我们如何在这样一个人口庞大、小农还是乡村主体的情况下逐渐推进现代化。但乡村的数量还是要减少的，不可能保持这么大的乡村数量。在这么大的乡村数量中建设好每个乡村是不可能的，但是未来总是会有一些乡村留下来，可能会有很多乡村人口留下来，像美国、日本、韩国等都是这样的特点。今天要考虑的乡村振兴实际目标并不是发展乡村经济，因为未来的现代化不太可能取决于乡村经济的发展。乡村振兴的核心就是解决三个问题：一是粮食问题，这要靠农业现代化来解决，不能靠一户一户生产来解决。而推进农业现代化必须继续推进城市化、工业化，使农业经营规模继续扩大。二是乡村有一些人口留下来，要让留在乡村的人口有体面的工作，有好的生活，同时要保护好生态环境。虽然现在中国人口只有 30% 多住在乡村，但是乡村占国土面积的 80% 以上，强化乡村生态环境保护的功能至关重要。三是文化问题，越是推进城市化，人口越离开乡村，我们的乡愁情节也会越来越重，乡村的文化传承功能不能减弱。

基于以上考虑，我在云南开展乡村建设实验，有以下几个想法。一是乡村里一定要有一个有益于农民的新产业。如果推进乡村建设中，需要投资大量的钱，农民却不能受益，农民是承受不了的。所以一定要借鉴于农耕资源，尤其要帮助农民利用好自己的资产。如我在云南推进的资产盘活，都是对农民房子进行改造，一层自己住，二层改造成很高端的客房，把资产盘活，让农民一边生活，一边还可以挣钱，同时能够充分利用农民自己的劳动力。这不会产生巨大的经济量，但对农民是有益的。很多人说在村子里一年能挣一两百万元，生活就非常好了。不可能在一个乡村里产生几十亿、几百亿的收益，那也不是乡村。二是一定要有农民主导、能够说了算的组织形态。现在很多地方的乡村产业都搞成了地主变雇农的模式，基本上都是老板受益，乡村、农民、集体不受益，虽然农民也赚了一点钱，但是在产业收益链条里只有一小部分的收益。三是一定要有一个联接形式。集体和农民关系怎么联接？一定要确保农民作为受益主体，一定要有组织形态。由于农民是分散的、没有技术、不会管理，我们希望培养一批乡村CEO（职业经理人）。我实验的二十多个村都是靠职业经理人来服务的。相当于农民当老板，雇佣职业经理人为他们服务。

我们就是通过这样的机制来推动乡村实践的。现在云南的河边村完全靠农民自己的组织，发展起了新的业态，由乡村CEO负责运转，从2017年建设到现在已经成功运转三年了，每年收入的增长都非常可观。在昆明市麦地冲村，组织农民把资产盘活，对破房子进行了改造，农民自己成立公司，通过乡村CEO运行，靠旅游一年实现收入70多万。今天的旅游应该建在乡村里，乡村就是最美丽的旅游场所，不需要建各种设施，看山看水看村庄，越原始越好。在城市化不断推进中，乡村的稀缺性不断呈现，稀缺性本身就产生价值，不需要太多的建设就能盘活乡村资产，让乡村人口有体面的生活。在昭通市的大苗寨，我们对整个村庄进行了改造，把整个资产进行了盘活，餐厅都是由农民房子改造的，这里没有公司，没有老板，我们通过培训把农民调动起来。在昭通还有一些试验村，通过资产盘活，把农民房子改造一下，政府拿出二三十万元的实验资金作示范，引导带动农民自己干，这样把城市动能带入了乡村，用城市动能激活了乡村。

总之，推进乡村振兴一定要坚持城乡融合的机制。同时，新型城镇化一定要包括乡村振兴，不能只盯着县城，还要考虑县乡村整体结构。现在这么多的乡村不可能都要建，但是要抓好一些未来的乡村建设。未来乡村建设不是建基础设施，而是要形成一个农民能够受益的机制，这是核心。

（作者系湖南师范大学中国乡村振兴研究院专家委员，中国农业大学文科资深讲席教授，中国农村发展学会副会长，该文系作者在中国农村发展高层论坛2022上的主题演讲）

对乡村振兴几个问题的初步思考

⊙ 杨团

乡村振兴战略是党中央在 2017 年 10 月 18 日党的十九大会议上提出的。而乡村建设、乡村发展的实践在中国已经很多年了。我投身乡村方面的工作，是从 2002 年开始的，到现在 20 年了。基于个人的实践，对乡村振兴有很多体会和想法，我就讲讲自己对三个问题的想法，和大家做交流和探讨。这三个问题是：什么是乡村振兴的终极目标？谁是乡村振兴的核心主体？用什么办法来实现乡村振兴？

一、什么是乡村振兴的终极目标

对于乡村振兴战略的总目标，党和国家有明确的提法，就是实现农业农村现代化。总方针是坚持农业农村优先发展。总的要求是产业兴旺、生态宜居、乡风文明、治理有效、生活富裕。制度保障是城乡融合一体的体制机制。这套话语很鲜明、很具体、很成体系。但是如何在实践中理解和贯彻呢？我以为，乡村振兴的一些认知上的问题还没能很好解决，很难仅仅依靠字面上的简单理解就能明白乡村振兴到底是要做什么的。我想用扣除法的思维方式来倒推对乡村振兴的认知。不是一般地正面诠释中央文件的概念，即什么是乡村振兴，而是讲什么不是乡村振兴，用这个方法来理解乡村振兴的思想和内容。

第一，乡村振兴不是农地非农化、产业弃农化、住房城镇化、文化通用化，而这"四化"几乎就是目前乡村中的基本状态。农地非农化，大量的农地不再是耕地，而是建成产业园，有的学习外国乡村比如普罗旺斯，造薰衣草田园。产业弃农化，不少发达乡村的大量产业与农业农村无关。乡村产业是国家提出的一个新概念，不仅包括农业，还有乡村当地文化制作的特色手工艺、特色农产品等本土特色产业，还包括农副产品加工业、服务业、商业、旅游业，电商等新兴业态。但是目前脱离乡村产业的弃农化现象，我觉得是比较严重的。耕地是国家必保的。可是各地农村耕地抛荒现象非常严重。这当然与农产品价格低、销售难，在市场上赚不到钱直接相关。农产品和非农产品的价格差太大了，老百姓从比较收益出发，弃农不是没道理的，但是个体、微观的道理最终妨害了农业农村的整体发展。住房城镇化，不用说，乡村要发展好，人、信、地、业这几条都非常重要。但是，乡村的住房是要向城市看齐吗？城市住什么房子，农村也要住什么房子，结果，农村建的高楼比较多，真正能维系原来乡土文化风格的农房就相对比较少。文化通用化就更不用说了，本乡本土几辈传下来的特色文化大量流失了。乡村的文化变得跟城市差不多，没有自己的独特性了。

我想说，这"四化"都不是乡村振兴所要的。

再有，乡村振兴是否就等于农民收入增加？的确，乡村振兴要缩小乡村内部尤其城乡之间的收入差距，收入是重要的指标。现在，全国的人均年收入大概是 4 万多。那天永光一听到我说战旗村农民人均收入 3 万多，觉得还是比较差，这要看跟谁比。现在大多数乡村人均收入不是 3 万多，而是只有 1 万多。2 万多就不少了。不过，就算乡村人均收入还可以，可是大多数乡村的家庭分裂问题很严重，这一辈人还在乡村，但是他的下一辈，有没有后代来继承？农二代甚至农三代出村不回村，回村不住村，再好的房子也不住，住城里。这个现象非常普遍。这与从弃农到弃村，从物质到精神，心理情感的变化有关。大量改造后的农村像城市，虽然有点地，但不再是田园。农民也奔着城里人生活方式走。这些，我都认为不是我们要的乡村振兴。农村像城市、农民像城里人就算达到乡村振兴的目标了吗？要理解乡村振兴是什么，可能要倒着想，从哪些不对头，哪些不是乡村振兴的内容，不是乡村振兴要达到的目标来考虑，到底我们要的是什么样的乡村？

第二，关于城乡融合。过去关于城乡有好多个提法，其中一个重要提法叫城乡一体化，后来不叫一体化了，叫融合。但是融合和一体化到底有没有区别，有什么区别？讲城乡一体化时，一说从经济视角出发，叫城乡统一布局，城乡的生产力进行优化分工。这就把乡当作和城市并列的另一个经济部门，要进行区域的合理分工；二说空间角度，要规划城乡的物质要素和精神要素，统筹安排其空间位置；三说社会学、人类学，要搞好城乡关系，打破相互分裂的壁垒，实现生产要素合理流动和优化组合，实现城乡经济和社会生活的密切结合，缩小基本差别；等等。总之，不同学科有各自的说法，而这些说法合起来都是说城乡要成为一个整体，要在分工基础上实现完全的一体化。我觉得这个似乎不是中央现在提出的城乡融合的意思。城乡融合是将城乡变成一个整体吗？是不再区分城和乡了吗？其实城市和乡村各有优势，不能相互替代。即便发达国家，走到今天一百多年了，乡村还是存在的。

乡村有什么优势？尤其中国，为什么不能用城市替代乡村呢？第一个，粮食生产，你总不能把粮食作物都种在房顶上。现在确实有科学技术，无土栽培，房顶、屋内、实验室器皿都可以种植。但是要养活中国这么多人口，当然不能依靠房顶种庄稼，还得靠乡村的土地生产。第二个，乡村有不可磨灭的代代相传的乡土文化，而文化的安全对中国特别重要。中国说是 56 个民族，其实有 100 多个，解放初期给合并了。就算 100 多个民族也不止 100 多种文化。刚改革开放时，有 60 多万个村，现在是 49.1 万个，就算 49 万个村，村和村之间的文化往往都还有些不同，俗话称"十里不同音"。不但语言，农耕农具、饮食、风俗、耕读教育，历史传承下来都有好多的不同。这些是非物质文化遗产，是农耕时代的大中国最富有的宝藏。这些源自千百年实践演化而凝结的乡土文化就是活着的文物，如果都通用化，村村一样，乡和城一样，那就把老祖宗留给我们的上千年的宝藏丢失了。乡村不能被城市替代的第三个优势就是生态，这个大家都已经非常清楚了，对生态的认知，我国在这些年真的是有显著提升的。

城市当然也有乡村不可替代的优势。在城市里，人口很集中，交通很发达，物质生活很方便，文化团体很聚集，精神文化生活很丰富。特别是提振人的创造力的高科技适合在城市这片沃土上快速发展。乡村无论发展到什么程度，在这些方面，尤其是聚集高科技人才、筛选信息、无缝连通，在科技上的发展优势都是乡村不具备的。所以城乡各有优势，不可互相替代。那么，城乡融合并非城和乡合为一个整体，并非村庄变得跟城市一个样，例如不是乡村都住城市那样的高楼大厦，人口完全集中居住。现在出现的一些问题就引人深思。比如前两三年从山东开始的合村并居，当时认为村庄人口缩减了，相对凋敝了，把小村合成大村，让老百姓都住在一块是对老百姓好，对经济发展有利。结果下了文件，一些县乡甚至强制进行合村并居，导致有的村庄出现农民自杀以示抗议。最近浙江又有一种新方式——飞地抱团，富裕村和穷村抱起团来发展经济。几十个村都抱成一个团。

外来资本给富裕村项目投资，用穷村的土地指标。目的是让穷村快速发展，通过引进外来资本承包大片土地做产业项目，而这些项目 99% 都是弃农化的产业。

的确，这样做让穷村得到了一些分红，我看到一年不过六七万，最高的十几万，但是村庄的经济主导权、发展主动权基本消失了。这些抱团的村是不是自愿的呢？80 多个村抱团能是完全自愿的吗？这样的一些状况，在乡村振兴战略提出才四年就大量出现。为什么呢？是因为我们总想着要让经济快速发展，快速出成绩。乡村振兴出成绩就是要向城里看齐，要有大项目、大规模土地、大产值。这样快速发展乡村的思想，最终很可能造成欲速而不达。

我以为，党中央提出乡村振兴战略并非一个短时期目标，而是自现在起到 2050 年，差不多 30 年、要经历一两代人的整个历史阶段的目标。这个历史阶段最终是要奠定中国未来长期稳定发展的基本模样。这种基本模样在发达国家已经定型了，但是中国还没有，我们还有几十年的探索和创造的空间。这个基本模样，一定是连接和继承中国悠久的历史文化的，也一定是能够继往开来，让中国全体国民平等共富、永久维系自己的生存和发展的。它必然是城市与乡村并驾齐驱，各自发挥优势，互通、互融、互补，共建、共融的模样。而要达到这个最终目标，最需要提起重视的不是城市，而是乡村能否发挥出城市所不能替代的优势，甚至还能创造出新的优势。

由于乡村振兴要贯穿一个较长的历史时期，现在不过才开头，探索才刚刚开始，所以与其没想清楚就快速推进不如慢一些，鼓励多种方式积极探索并适时进行相互比较和提炼总结。不管什么方式，都要保有乡村的本色，同时给予乡村的发展以最大的探索空间。保有乡村的本色就是要保证三个安全，第一粮食安全，第二文化安全，第三生态安全。一定意义上，我觉得乡村振兴中要有一种保底线的心态，像保护历史文化遗产一样来保护村庄，保有农业，保留文化，保障农民的基本权利，尤其是他们作为集体成员的权利。

二、谁是乡村振兴核心主体

这是一个需要认真讨论的问题。国家文件讲了，农民是乡村振兴的主体。但是，分割在零散细碎承包地上的个体农民太分散了，必须再组织起来。农民的再组织化是乡村振兴中最明显、最突出也最影响一切发展的第一大问题。谁来组织农民？

有人说是政府，只有政府能够把农民组织起来。可是政府能够替代农民的自组织吗？有人讲是村集体，但是更多的人说，现在的村集体是村委会代表的，顶多能处理些行政事务，但能耐不够、认知不够，也没有经济支撑。有人说是村集体经济组织，是国家最近发文成立的村集体经济合作社。它不是村委会，是另起炉灶的纯粹的经济组织，在县农业农村局登记（和专业合作社不同，不是工商登记的法人。目前因农村集体经济组织法还没有出台，所以缺乏法律认定资格，只按照《宪法》可以算特别法人）。但是，目前这类组织似乎只限于保障集体财产不受损失，经营功能很差，大部分没办法独立自主发展。至于专业合作社和家庭农场，确实能组织部分农民，但是难以号召全体集体成员。还有人提出是村党支部，但是村党支部是政治组织不是经济组织，也不是自治组织。面对中国乡村振兴的现状和未来的长远目标，到底谁能作为核心主体，组织全体农民、撑起村庄发展的经济社会事业呢？

显然。在今后30年乡村振兴的整个历史阶段中，核心主体的问题必须得到解决。

如何认定乡村振兴的核心主体？有没有一个认定的标准？我的看法是，谁能够将分散的农民组织起来，谁能支持和代表农民行使作为集体成员的全部权利，谁能让农民拥有主体地位和主体权益，谁就是乡村振兴的主体。

那么，首先需要厘定农民应该拥有的主体地位和主体权利，再来考察谁能让农民拥有这些权利。

农民除了《宪法》规定的公民普遍拥有的权利之外，作为集体成员，他们享有非成员没有的土地承包权、宅基地使用权、集体收益的分配权和对农村基层社会治理的参与权这四项权利。这四项权利作为集体组织成员的农民权利，是由农村的四项基本制度保障的，第一是土地制度，农村的土地归农民集体所有，这是《宪法》规定的；第二是依托集体的土地建立的农村集体和集体经济的组织制度，这也是《宪法》规定的，而且这个规定可以追溯到合作化和人民公社的历史时期并由近年来诸多法律政策重申；第三是经营制度，集体土地要以家庭承包为基础，实行集体与个体统分结合的双层经营体制，这是1991年党的十三届八中全会提出，1999年进入了《宪法》的；第四是社会治理，以村民自治为基础，这也是正式进入《宪法》的。所以说，实现农民的主体性权利就是要实现《宪法》规定的农村的四项基本制度保障。

如何能在乡村建设与发展的实际操作中履行这些进了《宪法》的基本制度，维护和支持农民应得的四项权利呢？这四项权利既有经济权，又有社会权，而且还是每个村集体的成员都需要平等拥有的权利，没有一个集体组织来作主，怎么行得通呢？不过这个集体组织，不仅要有集体经济，还要有集体福利、集体文化、集体教育，这就必须统筹规划，协调一致。而这些全都不是单凭一个经济合作社的经济功能所能覆盖的。人是要有一点精神的，人群要团结起来，更是需要一种能够凝聚人心的集体主义精神。这种精神在中国，正是具有百年历史的中国共产党培育的人民至上、为人民服务的精神。关键在于如何将党的这种精神融入村庄的集体经济和村庄公共性的社会事务中。

我是从这些年自己参与的"农禾之家"的实践中，对这个问题逐渐有了一点认识的，期间经历了一个相当长的反复的认识过程。不是我有多高明，我可一点都不高明。

2019 年，"农禾之家"在山东莱西做乡村振兴百乡工程试点，得知 1990 年国家五部委在莱西开全国村级组织建设会议提出过三条原则，史称"莱西经验"。第一条，党的领导，是指村党支部。第二，村民自治。第三，集体经济。我们觉得仿佛一下子开窍了，就琢磨怎么把这三条原则融到试点中以推动莱西的乡村振兴。后来我们又到四川成都战旗村，发现战旗村从 1965 年走到今天，村集体经济不断发展壮大，农民非常信任村集体，整个村庄成为农文商旅融合发展的共同体，其中最重要的原因，就是战旗村的领导核心是由村党支部、村委会、村集体经济组织三个体系不同组织统合起来的班子，三个组织的成员相互兼职，所有工作都由这一个核心决策和安排执行。再联想到 1990 年莱西会议和 2019 年我们做的莱西院上镇的试点，就发现在中国国情下，本土经验是最宝贵的。党政经功能在实践中统合，担当这三个功能的村党支部、村委会、村集体经济组织这三条线不同的组织只有统筹起来，才能凝结成带领农民走中国式组织发展道路的领导核心，才能在乡村振兴的所有方面发挥综合效益，获得最大的效能。

所以，要把分散小农户组织起来，支持和代表他们行使作为集体成员的主体性权利，在中国的村庄，就不能将党政经分开，而是需要统筹其组织，统合其功能，让其成为乡村振兴的领导核心或核心主体。

多地优秀村庄的发展实践经验证明，村党支部、村委会、村集体经济组织三合一的村级领导班子是村庄振兴的核心主体。他们组织全体集体成员形成自主发展、自主治理的乡村共同体，带领大家建设了集体与个体精诚合作、公私兼顾的村庄内部的集体经济。这种新型的集体经济跟人民公社最大的不同就是，不是只要集体不要个体，不是只要共同利益不要个人利益，不是只有领导决策没有农民参与；它不是干部经济，而是以集体的每个成员为本实现全员共富的经济社会利益共同体。它建立了集体和成员以及成员之间怎么进行积累、消费、生产、分配、公共福利和成员分红的一整套制度安排，激励每个集体成员自我创造和主动参与的主人翁精神，实现村庄的全面综合治理。

我发现我们现在一讲农村治理，想的都只是社会治理，老人、妇女、儿童还有公共设施、公共服务这一套。这个治理比较接近于社会福利、社会组织和社会公益的范畴。但是一个具有主体性的村庄必须要有自己的经济，必须靠自己发展壮大村庄经济，才能有实力、有底气做好它的村庄社会治理。虽然这些年国家给予全国的村庄大笔的资金，几乎包圆了村庄社会治理的基本花费。但是无论如何，国家包下来只是基本的和基础的村庄公共设施和公共服务，是底线工程或者逐渐拉高底线。这方面的财政预算是全国一盘棋的。但是每个村庄村情不同，一个村庄要想真的好，就需要根据自己的需要建立自己的特色服务和特色事业，这个钱谁来出？必须依靠本村的经济实力。所以我越来越觉得，村庄其实就是一个社会企业集团，为全村老百姓谋利益的社会企业集团。这个集团的核心就是党、政、经三类组织统筹和统一指挥的班子。相当一部分村庄的这三类组织的领导成员是互兼的，完全统起来的。他们进行的村庄治理是全面的综合治理，是将公共秩序渗透到集体组织、集体经济以及社区的各项事务包括教育、文化、生态领域。这样的治理，就要经常面对各领域发展中出现的新的公共问题，维护公共秩序。

村庄的这样一种全面的综合治理有一点像什么呢？有一点像国家治理。村庄治理和国家治理其实很类似，它有自己的资源、自己的人民，有自己的主体意志，要以村庄为主体，去跟外部市场各种不同的主体做交涉、交换和合作，为村庄发展的整体利益去努力。可以说，在村庄这个地域范围内，谁是核心主体特别的关键。

这个核心主体谁来牵头？中国社会科学院法学所研究员刘海波曾提出党组织具有全息型组织特征的思想，这也是为什么基层党支部能够领导村委会和其他经济组织的来源。全息型特征指的是，党的基层组织具有和最高层同类型的思考方式和自主决定的行动机制。这让党带领的基层组织的行动有可能做到意志高度统一与方法高度灵活的结合，在经济、文化、社会等各类组织中发挥党的领导和带头作用。基层有了能够统领村庄各类事务全息型的党支部，就能够克服部门分割、功能分立的传统弊病，就能统合产业、人才、文化、生态、组织五个振兴，带领村民奔向共同富裕。

当然，这是一种理论提炼，是应然不是当然。要做到党支部牵头带领村委会、村集体经济合作社统筹村庄各项事务，就要强化基层党支部的建设。战旗村45年来八任村支书一任接着一任干，烟台 3 千多个村党支部领办合作社，都是在强化基层党支部建设上下了大功夫。尽管目前能够很好发挥村集体主体性的党政经领导班子就全国而言还是少数，不过，我们也发现，越来越多的县乡村正在朝着这个方向做探索。榜样的力量是无穷的。我们相信，方向对了头，就会一步一层楼。

三、用什么办法来实现乡村振兴

乡村振兴首先是基层村庄的振兴，乡镇还有县域的振兴是比村庄范围更大的也更复杂的振兴。不是不可以由县域、乡域通过主导产业带动村庄的振兴，而是得明确，村庄是乡村的细胞。细胞没活化，底子没打好，往上垒高楼的风险就比较大。

做好村庄振兴，最重要的是建设有效运作的村庄基层组织的权力运行体系和机制，它有三个要点：第一条，这个基层组织指的是谁？第二，什么是它的产业经营方式？第三，监督方式怎么建立。

第一条，基层组织，就是指党、政、经，组织和功能一体化的村集体领导核心。

第二条，必须明晰这个领导核心在村庄做产业经营的基本方式。这就是集体和成员以及村内外多主体之间的统分结合、多层经营。这里说的统分结合比仅仅是土地经营的统分结合要高得多，也宽得多，但仍然以集体土地为经营基础，而且是农工商文旅结合的。也就是一产农业接二，接加工业特别是农副产品加工业，连三，要连服务业，包括商业休闲旅游等。"一产接二连三"的经济，是一个地域性的范围经济。什么范围？是村还是乡镇，还是几个村连片，总之要有边界，有范围有边界，经营和管理主体才可能是明确的，就是要为这个范围内的成员做好服务，创造和分配利益。

统分结合的经营方式，统是指集体统一管理，分是指集体和成员以及各类不同的主体要结合、要合作，也包括与社会组织的合作。中国扶贫基金会（中国乡村发展基金会）就在乡村做了很好的工作，他们的品牌百美村宿、善品公社都称得上是和地方村庄合作建立的社会企业集团的集群。统分结合建立起多层、多元、多样式合作的经营方式，这丰富了集体经济组织的实现形式，证明经营方式可以多样化，而集体的领导核心、集体的成员是明确和稳定的。

第三条，村级集体的权力运行怎么才能不出腐败，不出坏事？特别关键的是建立监督的体系和机制。现在不少人不看好集体经济，就是认为集体经济最终会导致干部经济，干部多吃多占。不过，今天我们的确看到了一批非常好的乡村集体，例如四川战旗村、内蒙古经棚镇、山东田家村，还有 2019 年我们在莱西院上镇做的集体的联合社，都是很廉洁、很努力地为村民服务，也得到村民的衷心拥护的。所以，过去一些地方出现的坏事并不能作为今后各地集体组织一定还会重蹈覆辙的证据。关键是怎么彰显好的因素，把坏的因素遏制住。

莱西经验三原则，党、村民自治、集体经济，三者缺一不可，就有这个意思在。村民自治指的是治理中一定要民主参与，老百姓要参与决策、检查和监督。战旗村的经验就是让村的理事会、监事会、议事会、村社会组织、村民代表大会和村民大会这些农村的组织全都活跃起来。这些农村的组织可不是虚的，他们都发挥了具体的作用。这些作用的发挥是保障集体不变颜色的重要机制。但是只有村内的监督检察还不够，我认为在乡村振兴中要在乡镇党委政府一级建立一整套监督和检察机制。例如对基层党支部的工作考核机制，对基层一把手村党支书的选拔、培育、任用、评价机制，设置电话和网上与群众沟通的日常渠道，将随时听取村民意见的制度常态化，还可设置多方参与、综合评价的村级民主治理制度检查，等等。其实，类似做法在几年前政府就对社会组织、基金会开始实施了，尽管制度还有待完善，不过，这个方向应该坚持。

在农村，既然党政经融合的村级领导核心是村庄这个社会企业集团的核心，那么，我们就要非常重视，怎么让他们在乡村振兴中涨势，让他们在未来能够坚持住，能够可持续发展，建立真正带有村民自主自治元素的决策和治理制度。

（作者系中国社会科学院社会学研究所研究员，本文系作者在中国乡村发展基金会等主办的"社会企业与乡村振兴"座谈会的主题演讲）

热点问题：农村改革

县域经济是城乡融合最佳地域单元

⊙ 魏后凯

从土地面积、经济体量和人口规模看，县域均是重要的行政单元。2019 年，中国所有的县和县级市的面积加起来占全国 960 多万平方公里的 90%。工信部赛迪顾问县域经济研究中心发布的《2019 年县域经济高质量发展指数研究成果》显示，中国县域经济总量达 39.1 万亿元，约占全国的 41%。第六次人口普查数据显示，2010 年中国县域人口约占全国人口的 64%。从沿海经济发达省份的经验看，省域经济在很大程度上依靠县域经济，县域经济主要依靠镇域经济，镇域经济相当部分是靠村域经济拉动。因而，县域经济发展缓慢是中西部欠发达地区和东北地区整体发展滞后的重要原因。

县域经济发展滞后拉大区域发展差距，使共同富裕面临严峻挑战。一是县域经济发展滞后是东北人口外流的根源。2010-2020 年东北县域人口减少约 700 万，占东北三省人口减少总量的 63.2%，且农村人口减少的 72.6% 是流向省外地区。东北县域发展滞后主要原因包括：对县域发展缺乏战略层面的重视，基础设施建设及公共服务体系严重滞后，缺乏产业支撑、难以创造充足的就业岗位。二是镇域经济转型乏力，制约县域经济发展。镇域经济发展面临人口规模较小、产业集聚水平较低、资源能耗较高、土地利用效率较低、基础设施建设与公共服务水平较低、融资筹资困难、人才和技术缺乏等突出问题。三是村庄分化加剧，制约共同富裕实现。中国社会科学院农村发展研究所 2020 年对全国 10 省区 50 个县 156 个乡镇 308 个行政村

3833 个农户的调查显示，户均收入最高的十个村和最低的十个村的收入倍差为 25 倍；即使以最高的 30 个村和最低的 30 个村比较看，收入倍差也接近 11 倍。从县域整体看，县域与城市发展差距不但没有缩小，反而在不断扩大。

立足县域自然条件、经济特点和社会发展的差异，综合考虑区域、产业特色、发展方向、功能定位等，构建具有县域特色的现代产业体系是加快发展县域经济的核心。东部发达地区已经在"一县一业"基础上，向多元化的方向发展，但中西部和东北地区如何构建"一县一业"的发展格局还有很长的路要走。具体而言：一是推动县域产业发展走园区化、集群化、生态化的道路。二是结合国家主体功能区规划，实施差异化的县域发展战略，开展差别化的政策支持和考核评价。三是对于限制和禁止开发区域，构建生态型的产业体系，同时结合资源补偿、生态补偿、耕地补偿、区域补偿等政策工具，完善补偿政策体系，实现经济发展、农民生活富裕、生态环境保护之间的有效平衡。四是通过优化环境、全面深化改革、完善优惠政策等举措，着力激发县域民营经济发展活力。

在资源环境双重约束下，传统的依靠投入驱动县域经济增长的发展模式已然不可取，实现创新驱动成为重要趋势。推动县域创新发展是一项具有长期性、复杂性和综合性的艰巨任务，其实现路径也是多元化的。围绕民营经济高质量发展、赋予建制镇更多权限、农村产权制度改革等，加快县域制度创新。

城乡融合既是推进新型城镇化和乡村振兴的前提和保障，也是县域转型发展的目标。据我们预测，到 2035 年中国城镇化率为 74.4%，到 2050 年城镇化率将接近 80%。伴随城镇化的不断推进，中国城镇规模增长出现了两极化趋势，县域部分小城镇相对衰落，这与镇域平均规模较小、缺乏产业支撑与就业岗位、基础设施与公共服务滞后、市管县体制限制、农民进城落户意愿降低等有关。县城是连接城市与乡村的重要桥梁，是驱动县域经济发展的增长极，是推动城乡融合的最佳地域单元，其基本方向是实现城乡功能布局一体化、要素流动便利化、资源配置均衡化、产业发展融合化和融合模式多元化。

（作者系湖南师范大学中国乡村振兴研究院专家委员、中国社会科学院农村发展研究所所长）

正视农业农村发展的现状与趋势

⊙ 宋亚平

当前，农业农村工作面临的最大问题就是农业增效难、农民增收难、农村发展难，直接影响到了国家经济社会的协调、健康与持续发展。上自中央领导人，下到普通老百姓，一提到这个问题便无限郁闷，非常头痛。

一、何为"千年未有之变局"

改革开放之后，我们一直把农业农村工作放在"重中之重"的位置上，采取了一系列让人眼花缭乱的政策举措，如不断延长土地承包经营权期限、调整产业与产品结构、减免农民税费负担、实施种田综合补贴、扶助"龙头"企业、培育新型主体、鼓励土地流转、支持规模经营等诸多办法。希望能够摆脱"山穷水尽"之窘境，开拓"柳暗花明"之新局。

当然，这些努力确实产生了一些积极作用，至少延缓了"三农"问题走向恶化的脚步。但从整体上看成效并不大，没有真正转化成为促进农业增效、农民增收、农村繁荣的持久"动力"。实事求是地讲，农业凋敝、农民溃散、农村衰败的势头在很多地方仍然涛声依旧，包括土地、资金、人才与劳动力等诸多生产要素仍然一江春水般向非农领域流淌，农业副业化、农民老龄化、农村空心化不断显性化和严峻化。这就是所谓的"千年未有之变局"。

二、到底是谁"惹的祸"

主流声音认为，"三农"问题的久治不愈，病根还是"内因论"。如资源与环境约束问题、组织化程度低下问题、生产方式与增长模式陈旧问题、产业结构和产品结构失调问题、科学技术推广乏力问题，还有金融政策供给不配套、社会服务体系不完善问题等。因此，多数人对中国农业产业的弱质性、农民群体的弱势性和农村社会的封闭性，持一种哀其不幸、怒其不争的抱怨。

其实，农业副业化、农民老龄化、农村空心化等现象的趋势化与严重化，关键的缘由并非农民群体不种田，也不是地方政府不作为，更不是高层决策有失误，很大程度上是来自"三农"之外的力量，即工业化、城市化、市场化这一时代浪潮冲击下的必然产物，也是现阶段不以人们主观意志为转移的客观现象，亦是世界先进国家现代化进程中都遭遇过的历史故事。

从人类社会发展的轨迹看，随着工业化、城市化、市场化的蓬勃兴起，世界范围内的农业农村便开始厄运当头，每况愈下。无论东方国家还是西方国家，也不管传统的个体农户还是新型的经营主体，凡属务农的劳动一般都呈现出不断内卷化的颓势。就算美国、日本等先进发达国家，农业经济看似繁荣昌盛，实际上也都是依靠政府特别优惠的政策扶助，包括各种名目的大量财政补贴，才能艰难地维持其生存和发展。所以，尽管我国目前农业凋敝、农民溃散、农村衰败的状态来势汹涌，犹如"惊涛拍岸，卷起千堆雪"一般，但尚不能称之为"奇葩"，只能算是时代大潮中的一朵浪花。

三、认清社会发展的主要矛盾

自工业革命以来，紧密围绕工业经济活动的全要素生产率一直在突飞猛进地增长，始终雄居于国民经济各产业领域比较效益的"制高点"，这是新兴工业社会之所以成为传统农业社会"掘墓人"的核心原因。18 世纪英国和欧洲的"圈地运动"，其血腥掠夺农业与残酷剥削农民的性质不容抹杀。然而，它创造了两个客观后果：一是为国家提供了大量市场化的廉价劳动力，有效地促进了工业化和城市化的迅速发展；二是造成了广大农村耕地资源的高度集中，适应了农业规模化生产经营的内在要求。这两条，恰好为后来英国和欧洲经济社会的现代化建设提供了极其重要的基础性保障。

同时，由于城市有利于各种生产要素的聚集、流通与配置，从而成为人类社会发展进步的中心舞台。放眼全球，无论发达国家还是欠发达国家，都在争先恐后朝着城市化的方向奔跑。对于广大农民群众来讲，城市不仅是一个宜居宜业的生活家园，而且这里还蕴藏着许多适合自己发展甚至可以改变自己命运的重要机遇。所以，传统的农业生产模式和农村生活模式已经无法承载广大农民群众对于美好幸福生活的追求了。人们不断地向城市聚集既是天经地义的公民权利，更是社会文明进步的基本要求和必然表现。

完全可以断定，在工业化、城市化时代浪潮的强劲冲击之下，传统的农业产业的逐渐溃败和农村社会的全面凋零，还有大量农村人口向城市转移，包括绝大多数劳动力向非农产业领域转移，导致农业人口严重老化与农村不断空心化的悲惨格局，都将是无法躲避的时代宿命，带有不以我们的主观意志为转移的必然性。这种现象属于是全世界带普遍性的问题，不会因为哪个国家有所特殊性而可以超凡脱俗。

四、过去的许多"经验"实际上是教训

为了挽救农业凋敝、农民溃散、农村衰败的局面，这些年来我们耗费了大量的人力、物力和财力。除了年复一年大规模的基本农田改造和水利基础设施建设的投资之外，还有诸如"普九"运动；"税费改革"；"村村通""组组通""户户通"公路工程；基本养老与新型合作医疗，户户修建沼气池、家家改水改厕与旧房危屋改造，以及"乡村书屋""当家塘"等，几乎年年都有新的支农政策出台和工程建设下村。据中共中央政策研究室原副主任郑新立同志匡算，2019 年从中央政府到地方财政再到社会各界"合凑"，每年的各项支农款总额达到了 5 万亿元。

客观地讲，这些支农政策与工程建设（包括动员社会资本支农）都是政府为农村办的好事实事，也受到了农民群众的赞许。但是，这些宝贵的资源并没有起到挽救农业、留住农民、繁荣农村的理想功效。因为时代不同了，外部力量成为了事物变化的主要依据，工业化和城市化仍然发挥着强大的磁场作用和虹吸效应，诱惑农村的各种生产要素包括人口潮水般向城市涌动。就连当初为缓解农村缺钱困难而创立的那些农村商业银行，也很快变成了城市资本掠夺农民财富的"吸血鬼"。这种趋势下，你纵使有能力往农业农村投入再多的钱，结局也只能"打水漂"，拐个弯儿又很快回到了非农领域。

打个不适当的比喻，现在的农业农村就好比是躺在 ICU 里一个病入膏肓的危重患者，浑身插满了输血、输氧、输液、导食、导尿和监测仪器的各种管子，每天消耗着大量的富贵资源。明知其必死无疑，却仍然全力以赴地进行着抢救。这样搞下去，最后必然会是无可奈何的人财两空。

所以，一些地方不计成本地抢救农业产业与乡土社会的许多做法，包括支持鼓励农户埋头种植与盲目养殖，"一窝蜂"地开展并无真正特色的乡村旅游；运用行政和规划手段推动并组合村；选派大学毕业生到农村担任"村官"；教基层干部精心描绘"富春山居图"；倾力打造浓郁"乡愁"等实践活动，实质上都是怀念即将消亡的旧时代而谱写的一首首挽歌。但是，传统的农业农村社会已如那艘撞上冰山的泰坦尼克号游轮，尽管你一直在深情地吟唱着"我心永远"，这条船却不可避免地会在茫茫冰海中沉没。

五、恐怕还得要顺应时代潮流

孙中山先生曾经强调过：世界潮流，浩浩汤汤，顺之者昌，逆之者亡。面对工业化、城市化、市场化越来越严峻的挑战，传统的农业经济与传统的农村社会已经明显地走到了终结点，与之相依存的整个制度系统和多数政策手段皆不能适应新时代、新形势、新任务的发展要求了。因此，我们必须按照工业化、城市化这个历史大趋势、时代大方向、社会大格局，正确分析、具体解剖、科学判断我国当前农业农村发展的阶段状况、本质属性、主要特征及其何去何从。

当前，全国各地都在紧锣密鼓地推进乡村振兴战略，我们有必要冷静地回顾和总结一下这些年来中国"三农"工作的所思所想与所作所为，进一步解放思想、转换观念，审时度势、因地制宜，按照习近平新时代中国特色社会主义思想中的新理念、新路径来重新探索、谋划、构建城乡经济社会与生态环境融合发展、和谐发展的新框架和新格局，把体制机制的改革创新和方式方法的换代转型挺在前面，整体上努力避免"头痛医头、脚痛医脚"的错误，这样才能让乡村振兴战略的很多政策和措施真正落地生根、开花结果，一步一个脚印地朝前推进，从而切实推进农村产业的全面创新和农村社会的全面转型。

（作者系湖南师范大学中国乡村振兴研究院专家委员、湖北省社会科学院原院长）

东部农村并非中国农村的未来

⊙ 贺雪峰

　　当前一个时期,东部沿海发达地区农村创造了很多解决"三农"问题和实施乡村振兴战略的经验,中西部地区各级地方政府到东部地区农村学习取经可谓络绎于途。东部地区农村也善于创造解决"三农"问题的经验。上海市本来几乎已没有农业了,据说上海市仍然重视"三农"问题,坚持每年创造至少一项在全国有影响的"三农"工作经验,其中"家庭农场"就是由上海松江区创造并推广到全国的。苏州宣布要率先实现农业农村现代化,浙江则为全国农村创造了最多的进行乡村振兴和美丽乡村建设的经验。珠三角地区也提供了很多经验,比如股份合作制改革,增加农民财产性收入也来自珠三角农村普遍存在的村集体分红收益。

　　现在的问题是,东部地区农村经验无论多么好,中西部地区都无法学,也没有必要学,因为东部地区的农村与中西部地区农村,已不是同一个概念的农村了。

　　无论是东部的长三角地区还是珠三角地区,都是在改革开放后,通过在村庄办工业发展起来的,差异是,苏南早在20世纪70年代中期就已发展集体性质的乡镇企业,浙江在稍后时间民营企业蓬勃发展起来,珠三角则以"三来一补"为基础,依靠外资在村庄建工厂,外来劳动力大量涌入,很快就成为世界工厂的核心地带。进入二十世纪,通过"村村点火、户户冒烟"的乡村工业化,长三角和珠三角地区农村均已成功工业化,这些地区城乡一体,已经形成沿海城市经济带,即使没有发展工业的村庄,也处在城市经济带内,成为城市经济带的内在组成部分。这个意义上讲,长三角地区和珠三角地区的农村虽然名义上是农村，也有村集体建制，农村仍然保留了熟人社会的关系，但这些地区农村绝大多数农民不再从事农业生产，也很少外出务工经商，他们实现了在家门口的二、三产业就业。大量外来人口流入不仅为当地制造业提供了劳动力，而且为当地农村提供了出租房屋、提供服务的机会。在绝大多数农村人口已成功实现家门口二、三产业就业情况下，农民承包土地就可能流转出来形成适度规模经营，农业就可以更好地容纳新的生产力，实现机械化。沿海地区相对偏远的山区没有赶上工业化机遇，却可能有好山好水，又位于沿海城市经济带内，发展乡村旅游就具有独特优势。

简单地说，东部沿海发达地区农村已经实现工业化，已经成为沿海城市经济带的内在组成部分，家门口二、三产业就业，地方财政实力强，农村获利机会多，地方政府官员素质比较高，市场化比较充分，社会理念比较现代，等等。相对中西部农村，东部地区农村显得更加清新脱俗、令人向往。

相对来讲，中西部地区农村已经失去了乡村工业化的时机，农业无法容纳农村人口的充分就业，农村青壮年大量进城务工经商，农户家庭普遍形成了以代际分工为基础的半工半耕家计模式。一方面农民进城务工经商，另一方面农民又不愿或不敢放弃农业和农村的退路，农民城市化只能是"半城市化"，"半城市化"的进城农民必然留下农村农业的尾巴，农业农村现代化就不可能彻底。对于中西部农民来讲，相对不那么现代的农业农村既是基本保障，又是最后退路，因此就十分重要，不可缺少。

随着进城农民逐步在城市稳定下来，实现体面安居，中西部地区农村可能因为大量农民进城，而让渡出之前的农业农村获利机会，农村不愿或无法进城农民就借此来扩大经营规模，提高家庭收入，在农村获得不低于进城的收入。当然，这还要经过二十年甚至更长时期。

中西部农村当前已出现空心化，农村显得萧条，这与东部农村形成鲜明对照，且当前中西部农村仍然处在剧烈变迁中，很多村庄会消失，农民会依据他们的实际处境在城乡之间进行理性选择。

这样看来，中西部地区农村的未来显然不是东部农村的现在，东部地区创造出来的经验、取得的发展成绩，中西部地区也无法学，片面学习东部地区农村先进经验，可能会让中西部地区农村误入歧途。

同时，东部地区农村也大可不必刻意为中西部地区农村创造典型，更不必为了创造先进经验，而高额负债。苏州为率先实现农业农村现代化，花了很多钱，听苏州同志讲，地主家也没有余粮了，苏州地方债务也不堪重负。苏州实现不实现农业农村现代化，应当是苏州自己的事情，是苏州农业农村发展到现阶段面临的新的实际问题，需要通过实现农业农村现代化来解决问题的内在需要，这是一个自然而然、瓜熟蒂落的过程，不要刻意为之，不必追求率先，更不给中西部地区以必须学习的压力。

每个地区都有每个地区的实际问题，每个地区都要做好自己的事情。因地制宜、实事求是，是特别关键的品质。

（作者系湖南师范大学中国乡村振兴研究院专家委员，武汉大学社会学院院长、博士生导师）

基层干部生存困境的逻辑是什么

⊙ 吕德文

　　制度对官员有较高要求这是好事，事实上，正因为有严要求，干部在关键时刻才能经受考验。在疫情、汛期等紧要关头，都有大批干部敢担当敢作为，甚至还为此付出了生命。也正是因为有严要求，我们才能把少数害群之马识别出来。让那些"贪官""太平官"不得安心，是绝大多数基层干部的共同诉求。让所有的官员都受到约束，不得乱作为，也是制度要求——公权力必须受到有效制约，这是基本规则。

一

　　但有些要求确实已经走向反面了，不仅不利于发挥基层干部的积极性，还影响了其正常履职。基层正在出现不可思议，却实实在在发生的"官不聊生"现象。

　　比如："白加黑，五加二"。这在相当一段时期，被社会上当成是一个正面现象来宣传。这本来是一个高标准、非常态，现如今却成为相当多部门和各级政府的基本要求——常态化工作状态了。

　　加班加点不是不要，但也要考虑有没有必要。比如，各级领导和普通干部都保持 24 小时不关机，这种要求虽然高，却也有合理性，毕竟要防意外。在重大、突发事件来临的时候，全员上阵、加班加点，大家也理解。

　　但很多单位，不管有没有大事，加班都是常态。领导不下班，下属就不能下班，"陪班"成了常态。不管是不是应急部门，都要求 24 小时值班。有些部门，因为地位比较高，自认为对干部的素质要求也比较高，就自然而然地觉得应该比别的部门忙，要通过加班来显示部门的特殊性。

八小时之外健康生活。管好八小时之外，本来是一件好事，但很多事情，管着管着就变了味。有些娱乐场所，干部不能去；有些聚会，干部也不能参加。哪怕这些场所再合法合规，这些聚会再普通不过，那也不行。

一些地方的纪委时不时出台一些规定，抓小圈子聚会、抓吃喝风等问题，其意图本是通过正作风来解决可能存在的不正之风问题。但通常情况下，只能抓一定级别以下的干部、在那些无关紧要的场合抓一下。

领导干部也要和自己的家人朋友聚会，也有不少工作宴请，表面上真是违规或顶风作案，但实际上又情有可原，真抓了，这时候处理还是不处理？很是尴尬。于是，一个本来是针对极少数人正风纪的措施，变成了"扰民"

正常假期无保障。休假和度假，很多基层干部都忘了有这回事；尤其是担任了一定领导职位的干部，基本上和假期绝缘了。过去几年，因为疫情防控的原因，基层处于临战状态，原则上不出本地、不休假，倒也是情有可原。

但越来越多的地方，把这种临战状态常规化了。这倒不是有什么明确的制度规定，但一些请假制度，比如要层层审批，还要主要领导亲自批，就足以让想请假的人知难而退。除非是有充分理由，否则，哪怕是自己的权利，也不能主张，就怕给领导留下不好印象。

有位乡镇党委书记说，他已经好几年没回老家过年看望老父老母了，今年春节，县委书记主动提出来，让其春节放假回去几天，他真是感动得想掉眼泪。

有些地方的基层工作因为有重要任务，经常加班加点，一些有家庭任务的干部，哪怕是被提拔了，也不去，最后落了一个组织处分。

主动节制自己的生活，已经是很多基层干部的自觉行为。比如，很多基层干部在进入一些重要部门之前，就已经考虑好了加班加点。夫妻中只要有一位进入这些单位，则必定要牺牲另一位的事业，这样孩子才有人带、老人才能有照顾。

有些基层领导，也在主动节制自己的八小时之外生活。但凡是对自己有点要求的，也有一定上进心的基层领导，绝不出现在娱乐场所，哪怕是工作需要，也会让合适的副职出面，自己则象征性出席一下就退出了。以至于，一些年轻的选调生出身，或是从上级机关下派到基层领导，不太容易和同事们一起吃吃喝喝，融为一体。

由于有一定权力，但施政的环境又不熟悉，不少干部都害怕一不小心被人抓住把柄，前途尽毁。有位从省级机关到地方担任领导职位的基层干部，实在是受不了这种提心吊胆的日子，干脆辞职跳槽到国企上班去了。

二

不少干部在履职过程中充满了无意义感、折腾感，时时处处都在考虑逃避和自保，实在是制度的意外。

一方面，干部被围猎的风险确实在加大，不慎重还真不行。很多基层领导都说，哪怕是掌握一丁点的权力，都有履职风险，如不小心谨慎，被人"挖坑"了都不知道。

比如，某分管国土规划的副镇长，有一次和辖区某村书记一起喝酒，迷迷糊糊中在村书记提供的文件上签字了，导致该村的一个违章建筑获得了合法手续。事后追查，该副镇长承担了刑事责任。

一个领导，只要有一丁点爱好，有所图的利益相关者肯定就会盯上。有不少基层领导坦言，"围猎"手段实在是多，也足够隐蔽。很多基层干部，在还没当领导的时候，利益相关者就已经看准了其前途，"放长线钓大鱼"，自己被"围猎"了还不知道。

另一方面，基层治理生态也在改变，履职越来越难，越来越被动，压力也越来越大。基层流行三个顺口溜，很是能说明基层生态的变化：

上面千条线、下面一根针。这句话在20世纪八九十年代的基层流行，说的是部门与属地政府之间的关系。它一方面揭示的是乡镇任务多而杂，责任也大，但另一方面也说明乡镇的重要性。上级职能部门的各项工作落实，离不开乡镇党委政府的协调、落实和配合。

那个时候的乡镇，虽然处于压力型体制中，得承担各种层层分解的任务，完成指标考核。但总体上有自主权，能够正确决定自己的工作秩序，对职能部门还有一定的讨价还价能力。如今看来，20世纪八九十年代的乡镇，可能是乡镇干部的黄金时期。

上面千把锤、下面一根钉。最近十年来，"钉钉子""抓落实"的精神在基层落地生根，上级的督察、检查不断加大，"清单制"、倒排工期、攻坚作战等工程管理和军事斗争的技术，被广泛运用于基层治理中。

基层是一根钉子，被上级各部门捶打。通过各个领导小组来高位推动某项具体工作，通过动员基层、运动各方面完成任务，逐渐代替了常规工作法。

在这种情况下，职能部门和属地政府的关系在颠倒，属地政府主要是在落实职能部门下达的各项任务和项目，随时接受其检查督察。当然，职能部门也基本上不存在请求属地"协调"的情况了。

上面千把刀、下面一颗头。最近几年，监督下乡是一个显著现象，国家对基层的合规化要求在不断提高。但基层的实际往往又不一定能满足合规要求，导致基层总是被问责，监督是把刀，基层得伸头。

很多情况下，基层是以"属地责任"的名义被问责的。在"上面千把锤、下面一根钉"的体制中，职能部门已经成功地将自己的责任甩给属地政府了，它们往往不在具体承担某项任务，而是专门督促和检查、考核基层完成任务的情况。

因此，看上去事权下放了，但责任也下放了。哪怕是"权责一致"，但基层其实并不想要那件事。何况，很多时候权责并不一致。比如，职能部门可能只下万事权，但核心的审批权并不下放，导致基层没办法把事情做好，但根据职责匹配的原则，基层承担责任似乎又是合情合理的。

于是，基层为了不被问责，哪怕是不断被锤打也愿意，上面只要有要求，下面就有反应——倒不一定是为了有什么结果，而仅仅是为了避责的需要。

三

客观上，干部很忙，一部分是源自于一种不正常的组织文化，但很大原因还是源自于当前基层治理生态的变化。

任何一件事，只要引起了社会反响，上级有指示，就得连夜整改，连夜出结果，基层肯定不能掉以轻心。

也就是说，一种"应急""防万一"的工作机制，已经常规化了。过去，应急和常规是两种工作状态，两种工作机制，但现如今，这两种机制已经界限模糊。以至于，基层只能疲于应付上面一个又一个指示，很难根据实际自主决定工作秩序，没有自主调节、劳逸结合的空间。

哪怕是指示不多，基层的主要工作也是防意外，"不出事逻辑"贯彻到了所有工作中。哪怕是那些争先创优的地方，有积极向上的氛围，其底层逻辑也是"不出事"。因为，只要"出事"，做得再好也是白搭。

而对于普通地方而言，"不出事"就更是明显。很多地方的工作目标是不显山不露水，既不要最好，也不要最后，中间最好。只有在中间，上级才不会有太多关注，基层才能有一定的调节空间。

久而久之，基层领导和基层干部都谨小慎微，但凡是上面有个通知，不管合不合理，还是遵照执行的好，哪怕是涉及自己的八小时之外，也尽量遵守。管好干部的八小时之外，让其有更加健康的生活方式，也在一些年轻领导干部里获得了认可。

总归而言，"基层"已经发生了极大变化。在相当一段时间里，基层干部和群众混在一起，基层组织也和基层社会混在一起，群众看得见摸得着，是好是坏一清二楚。但如今的基层，干部是干部，群众是群众；组织是组织，社会是社会，中间总是隔了一层。

干部和群众对基层工作的认知，有极大差异。干部觉得自己很忙，群众不理解；群众觉得自己总见不着干部，干部在尸位素餐。其实，两者都有道理，这是基层生态的一体两面。

（作者系武汉大学社会学院教授）

人口小县试点"大部制"是改革风向之一吗

⊙ 欧阳静

随着人口向经济发达区域快速聚集，一些县城人口流失、活力不足的趋势逐渐显现。这些人口小县的改革与前景，近年来的讨论不胜枚举。"大部制"改革就是其中一个方向。

2019 年年底，时任山西省委主要领导调研时发现，全省人口小县存在一些共性问题，比如财政供养入不敷出，财政支出主要依靠政府转移支付。因此，省委决策部署开展人口小县机构改革试点工作。2020 年 4 月，山西省开始了这场改革，6 个人口不足 20 万的小县列入改革试点。2022 年下半年，山西省河曲县、石楼县率先完成改革。

小县试点"大部制"，既是因时应势之举，也是自我强化之策。据报道，河曲县 36 个党政机构精简为 22 个、1964 名事业编制核减为 659 名。石楼县县政府组成部门从 26 个精简到了 16 个，经初步测算，改革后人员经费可减少 2200 余万元。

"大部制"改革的多面性

机构改革不易，背后部门权力、个人利益盘根错节。本文根据作者以往调研的江西省改革案例和经验，立体地展现"大部制"改革的多面性。

2019 年，江西全省自上而下进行了大部制改革，起初从国务院机构大部制改革开始，后续从省市进一步推到了县乡镇体系。基层的大部制改革想要解决"管得到看不见、看得见管不着"问题，因为县乡镇实际操作中能够看到很多事情，比如说车辆乱停乱放、市场违法经营等，街道没有执法权，需要通知相关部门执法人员来执法，当成立综合行政执法队后，执法权就能够下放到街道，发现问题能及时处理。

我认为改革分两种，一种是为了适应社会需求、时代变迁的真改革，改革有风险，需要魄力和胆量来推进。另一种是政绩创新等原因的"换汤不换药"的形式主义改革，在实际的情况中，我们要区分这两种形式的改革。

从我的调研经历来看，第一种改革碰到的阻力非常大。首先是编制，在小县城，编制就是饭碗和生命。改掉编制就等于要人家的命，所以现实中几乎没有真正减编减员的改革。最终的改革结果是让一部分老弱人员分流、提前退休，但工资不变。或者政府以平台、外包、公司等形式承接被改的人员和职能，数据上则是改革缩减了一定的编制，节省了财政支出。

其次，改革会涉及各个部门之间的利益。用基层干部的话来说，改革存在强势部门和弱势部门之间的博弈，往往是强势部门主导改革进程，权力和利益向强势部门集中，执行和落实等具体事务移交给其他部门。所以，这类真正的改革需要主政者具有全局观，具有超越部门利益的政治性、长远性。这种改革也一般是自上而下才能推动。

从我调研的江西 G 县情况来看，大部制改革的核心在于转变政府职能，建立高效服务型政府，让老百姓办事更方便。从执行层面来说，大部制改革最大的优点是将一些执法权综合，解决行政分割化和碎片化的问题，使得后续管理上比较协调。从改革结果来看，大部制改革确实能提高办事效率。江西 G 县将农业、林业、水利、渔业等执法职责整合，设立综合行政执法大队，组建农业农村水利局，作为政府工作部门，副县长兼任局长，原来不同的局变成了内部科室的沟通，提高了效率。

改革最大的变化，可能是由原来一个局里七八个副局长变成了一正两副，但是以前的副科级干部并没有免职，只是重新排列组合，以前的副局长成为班子成员，享受的待遇没有改变，只是称呼上改变了。

大部制改革一方面提升了效率，另一方面也有人质疑其权力和职能过于集中的问题。我认为权力集中分为两种情况：第一种是制度性集权，大部制改革就是一个制度性集权，比如全县有 2000 多个执法权，而市监局就有 1000 多项。执法权主要是执行权，都有法可依，这种情况，按照制度、流程进行，能够协调以往"管得到看不见，看得见管不着"等问题，在今天越来越僵化的基层治理模式下，执行往往更需要制度性的集权。第二种是个人性集权，尤其是决策权的个人性集中。比如县城里最有权力的是县委书记，县委书记对于重大项目和重大人事任免有绝对性的权力。这种权力集中对基层财政运行影响甚大。

县域的财政供养难题

山西省石楼县和河曲县两地改革的初衷是为了解决财政供养失衡和人浮于事的问题，但是我认为财政困难的根源并不是因为养了太多的编制人员。

目前，山西省河曲县人口 12.4 万，河曲县煤炭资源丰富，煤储量 120 亿吨。从 20 世纪 80 年代开始，煤炭资源使得河曲县逐步摆脱了贫穷，2021 年河曲县 GDP 达到 174 亿元。不同于河曲县，作为刚退出贫困县两年多的石楼县，在经济发展的道路上尤为艰辛。石楼县作为传统农业县，户籍人口 9.7 万人，2020 年国民生产总值仅为 21 亿元。石楼县 2021 年全县一般公共预算收入总计 218987 万元，其中上级转移支付占了多数。

在中西部地区，县级财政运行的目标一直是保运转、保民生和求发展。"保运转"就是财政供养人员，即保工资，这部分一直是依靠中央一般性转移支付保底。只要中央没有削减预算，那么保运转问题就不大，地方也就没有压力来精简党政机关、缩减编制。"保民生"也主要依靠中央和省级财政的项目资金（即专项转移支付）。只有"求发展"与本级财政相关。中西部县级政府的本级财政收入主要是土地财政收入或资源性财政收入（煤炭矿产等），税收收入很少。这两年土地财政收入减少，叠加疫情冲击工业园区和居民消费等活动，地方政府无财力求发展，即"做事的钱"变少了。

问题是，如果保运转、保民生都有转移支付，那为什么地方财政还会出现困难？由于地方政府卖不动地了，没有了土地财政这块主要收入。虽然保运转和民生工程有上级的转移支付，但人员的公积金、职业年金和年终福利都需要地方财政保障，一些民生工程也需要地方财政配套，以前这部分支出主要依靠土地财政。现在土地财政没有，基层干部的福利就无法按时保证。

但是，如果只是保运转，地方财政向上级等、靠、要，也基本能应付。导致县级财政困难甚至负债的主要原因是"求发展"，而且往往是求"超前发展"。

从我调研的经验看，许多地方的求发展会产生地方财政的"无效经营"或者是"非市场化投资"行为。举个例子，我所调研过的一个只能保运转、保民生的县，每任县委书记上任都要打造各类"亮点工程"，以迎接每年上级的"看变化"（每年春天，市委书记带领全市领导和县委书记去每个县实地看变化，评比哪个县做得好）。比如，2018年该县的亮点工程是财政投资6亿在江边建一个超级大亭子，第二年的亮点工程投入5亿建一个特色小镇（仅仅一年后，这个小镇杂草丛生，无人光顾）……一个原本只是"吃饭财政"的县，为什么每年会有这样的"豪投"？哪来的钱？

我们发现这些"投资"的钱一部分通过项目包装，依靠国家专项项目，一部分是通过县级的融资平台进行融资，即向银行贷款。而县级的财政负债，很大一部分是源于这类亮点工程的"非市场化投资"导致的，即这些大规模投资，除了好看，几乎不产生任何经济收益。如此高成本的形式主义的亮点工程才是基层财政困境和地方债务的主要原因。

这些亮点工程也主要产生于县委书记个体性的权力过于集中。这些重大投资为什么不通过公开讨论？比如给网民评议，我想，没有一个市场主体每年会如此投资，而对一些政府主体来说，反正钱都是国家的，亏了也不需要负责。

从我们团队调研的经验看，在可用财力有限情况下，中西部地区的大部分市县只是吃财政饭，发展主要依靠融资平台（地方国控、城投、城建和旅投等公司），融资平台承接了绝大部分亮点工程，而不计成本的"造点运动"在全国盛行，这也隐藏了大量的地方债务。

搞清了中西部县级财政困境的来源，也就能明白财政困难与编制改革之间表面上相关，实质关系不大。在我看来，大部制改革主要解决效率问题，而不能解决财政供养问题，正如上文所说，人员分流在理论上可以减少财政支出，但在现实的实践中无法达到。

从长远看，县级财政问题需要靠经济发展来解决。落后地区地方政府都在招商引资，一方面大家想要山清水秀、绿水青山，但是另一方面不牺牲环境和资源，经济也发展不起来，地方政府也面临发展和环境保护的两难。我曾经调研过一个山区的县城，当时县委书记亲自带队到处去招商，有一个台企愿意将自己的工厂从广州挪到县城，我当时十分不解，后来一打听，才明白是招商时对于企业有所承诺，即可以独享本地的一种稀有资源。

从实践看，中西部地区的招商引资除了贱卖独特资源外，大多数是承接沿海地区淘汰的污染企业，而且实际产生的税收很少，因为地方政府依然会以变相返还税收给落户的企业。所以，落后地区的招商引资往往是贴本赚吆喝。

人口小县的发展趋势

从全国范围看，人口和资源的流动使得中西部落后地区出现了一些人口小县、边缘小城的情况，与此同时，长三角地区、珠三角地区、省会城市不断扩张调整行政区划，以提升自身综合承载和资源配置的能力。

从我所在的江西省来说，江西是一个农业大省，年轻人外出打工，有一部分会回流到山清水秀的农村。然而，山西省有一些煤矿小镇，这种资源型县城，人口势必会随着资源的枯竭而自然流失。人口小县的未来发展趋势肯定是中心吸纳边缘，乡镇变成城镇中心区的边缘地带，这也是一个城镇化的过程，也是城市发展的趋势。

人口一直在向东部发达地区集聚，乡镇人口也不断向县城集聚，人口通过流动、进城实现了城市化，在城市买房立足。在这个过程中，省会城市、长三角珠三角城市与县城相比，发生着相同又不相同的城市化进程。落后地区的县城也正在城镇化，比如说近年农民在县城买房的新闻，但农民在县城买房的主要目的是陪读。

中西部地区的城市化与沿海地区城市化存在很大的差别。中西部地区县城的城市化根本不是人的城市化，因为中西部县城无法提供就业，经济主要依赖于消费，县城是一个消费的区域而不是生产的区域，这种城市化没有办法让人长足发展。我们团队观察到，现在县城的模式是爸爸在城市打工，妈妈在小县城陪读，爷爷奶奶在农村种地，而且这种模式很普遍。

与省会城市拥有发达的第三产业不同，省会城市可以为进城务工人员提供家政、保安、快递员等多个岗位，而落后地区县城以个体户居多，没有产业，无法创造就业岗位。一个县城只有两三个大老板，一般是房地产老板、特产老板，再者就是煤矿、林业等资源产业的老板，县城的工业园区大多是一些发展前景堪忧的污染企业。

现在县城高楼林立，大量农民工到县城买房，但绝大部分房子只是为了陪小孩在县城上学，而非就业和生产。其中的逻辑是：土地财政使得地方政府鼓励农民进城买房，买了房小孩子就可以在县城读书。于是，土地财政催生了教育资源的聚集，而教育资源集聚，又推动了小县城的教育内卷（因为90后农民工父母更重视孩子的教育），并产生了一个独特的群体——陪读妈妈。

妈妈在县城陪读，爸爸在沿海城市打工挣钱，寄钱给陪读妈妈在县城生活开支，爷爷奶奶在农村种地，负责向县城的陪读妈妈供给粮食。县城于是只是一个农民工子女上学和消费的场所，爸爸在外挣钱、老人在农村种地来支撑这个县城的教育、消费和房贷。这是目前中西部地区县城"城镇化"的图景。

从这个角度看，落后地区的人口小县产业支撑能力弱、"留不住人"困境突出，也许这才是县域现代化的阻碍，也是打破基层财政供养难题的关键。

（作者系江西财经大学公共政策与治理研究院常务副院长、教授）

乡村文化

建设宜居宜业和美乡村的文化探源

⊙ 唐珂

　　实施乡村振兴战略，是党的十九大作出的重大决策部署，是新时代做好"三农"工作的总抓手。加快建设农业强国，扎实推动乡村产业、人才、文化、生态、组织振兴，建设宜居宜业和美乡村，这是党的二十大报告提出的明确要求。从中央一号文件多次部署的建设美丽乡村到建设宜居宜业和美乡村，无疑体现了时代的进步、认识的飞跃、实践的创新和内涵的丰富，这里面有着深厚的历史文化渊源。

　　什么是"和"？许慎《说文解字》注"和，相应也。从口，禾声"。原指声音相应和、和谐地跟着唱或伴奏，后引申到平和、和睦、调和、中和等多层意思，产生成语如琴瑟和谐、民和年丰、时和岁稔、惠风和畅、和衷共济、和而不同、和羹之美等。"和"是中国传统哲学的重要范畴。老子说："万物负阴而抱阳，冲气以为和。"孔子曰："礼之用，和为贵。"荀子说："万物各得其和以生，各得其养以成。"认为"和"揭示了宇宙运动规律，天地人各安其位，阴阳调和平衡，万物化育繁衍生息，乃是自然的最佳境界和终极状态。"和"是中华文明的追求，农业追求和顺，五谷丰登，六畜兴旺，年年有余；家庭追求和睦，孝敬父母，爱佑手足，穰穰满家；国家追求和谐，齐心协力，团结奋斗，共同富裕；世界追求和平，友好相处，协和万邦，互利共赢。

　　什么是"美"？美是一个永恒的话题，从不同角度有不同的诠释。古人认为，美源于食。《说文解字》称："美，甘也。从羊从大。"段玉裁作注："羊大则肥美。"《礼记·礼运》曰："夫礼之初,始诸饮食。"意即礼仪制度和风俗习惯始于饮食活动。马克思就曾指出:"劳动创造了美","社会的进步就是人类对美的追求的结晶"。人类实践活动提供了美的源泉,人类对美的感受和对美的追求是社会前进的动力。

"和"与"美"相互融合趋同伴随着中国社会发展全过程,深刻影响了人们的思维方式和行为习惯,在此过程中形成的和谐共生理念、四维道德规范、自然审美意识,成为普遍价值追求。中国的古先哲几千年前便在《礼记》中就提出了"大同"的美好社会理想,并一直引导着中华民族向着建设美丽和谐的理想社会不断奋斗。费孝通先生提出的"各美其美,美人之美,美美与共,天下大同",正是和美融合的集中体现。

"和"与"美",作为乡村振兴的两个重要维度,相互促进,相互依存,相辅相成,相得益彰。乡村的自然之美、生产之美、生活之美与和谐之美互有区隔而又彼此相融,相互联系而又互为因果,共同组成乡村的"大美"。

从历史文化的发展源流看,和美乡村的精神内核是中华传统文化儒释道。道教应该是乡村和美的重要开拓者。道家认为"人与天调,然后天地之美生",道家主张天道自然、人道无为,"天人合一",就是让人重新回归自然之态。"道"是中华乡村和美的元范畴。不过,乡村和美的精神主体还是儒家的。孔子提出"智者乐水、仁者乐山"。围绕"仁义礼智信""澡身而浴德",以孔子为代表的儒家圣贤对此进行了成体系的论述,如格物、致知、诚意、正心以及修齐治平。儒学自汉代以来被奉为官学,其后各主要朝代或历史时期,都是官方指导思想,也自然成为乡村和美的思想主体。佛教在西汉末年传入中土,经过漫长的本土化后,植入了很多华夏子民的内心。摒弃执念、修行悟道、因果缘起成为一种大众信仰,行善积德、臻至"无我"成为一种重要追求,也成为乡村和美的重要内核。

中国是农业大国,有着悠久的农耕历史和灿烂的农耕文化。众所周知,中国是世界上唯一没有断代的文明古国,也是世界上农业起源最早的国家之一。上下五千年创造了灿烂辉煌的中华文明,而农耕思想源远流长、博大精深,中华文明就源自农耕、源自乡村。从刀耕火种到男耕女织,从精耕细作到现代农业,在漫长的历史进程中,我们的先人在这片热土上未曾停止过对文明的探索,世世代代传承发展中孕育和形成了精彩纷呈、灿若星河的文化艺术和精神遗产。乡村作为中华文明的根脉,蕴藏着丰富的内涵,是美的基础、美的灵感、美的源泉。和美乡村,是亿万农民千百年的美好梦想。农业生产不仅为中华民族的繁衍生息提供了丰富多样的衣食产品,也为中华文明的形成、发展和延续提供了色彩缤纷的精神资源，奠定了物质基础和文化基础。千百年来，广大农民在生产生活实践中追求美、发现美、塑造美、展示美、传播美、弘扬美，形成了一系列和美乡村思想观念、价值取向和审美标准。中国特色的农事节气，乡土气息的节庆活动，多姿多彩的农民艺术，各具特色的建筑风格，巧夺天工的农业景观，朴实和谐的伦理道德，诚信重礼的乡风民俗，忠爱仁义的家国情怀，都是优秀传统文化的根与魂，承载着华夏文明生生不息的基因密码，彰显着中华民族的思想智慧和精神追求。渔樵耕读、山川草木、农谚民俗、物候节气、诗词歌赋等，展现出诗性力量与天地大美，是激发人们发明、创造和创新的动力源泉。中国古人总结出的许多农业生态发展的思想理论，比如趋时避害的农时观、辨土肥田的地力观、种养三宜的物性观、变废为宝的循环观、开物尚俭的节用观，也都是实践经验的精辟归纳总结。这些古人的理念和智慧，在加快建设农业强国的新时代，可以焕发出新的生机与活力，成为建设美丽中国、实现中华民族永续发展的宝贵财富。探寻大自然的诗化结构，发掘人文与自然的结晶成果，演绎并完善生活中的创意美感，正是建设宜居宜业和美乡村的职责使命。

进入新世纪后，乡村美学实践和美丽乡村建设经历了三个阶段。

第一阶段，自新世纪起，到党的十八大。时任浙江省委书记习近平前瞻性地提出"绿水青山就是金山银山"理念，部署实施"千村示范、万村整治"工程，率先开展美丽乡村建设，各地结合社会主义新农村建设也进行了许多有益探索。从实际出发，因地制宜、统筹规划、分类指导、分步实施、整体推进，既注重村庄建设，又注重管理体制和运行机制的建立；既保障粮食安全和重要农产品有效供给，又保证农产品质量安全；既发展生态农业、循环农业，又培育主导产业，促进农民增收；既加强乡村文化建设，又提高农村保障水平和农民文明素质。

第二阶段是党的十八大以后，以习近平同志为核心的党中央站在战略和全局的高度，指出生态兴则文明兴、生态衰则文明衰，对生态文明建设和生态环境保护提出了一系列新思想、新论断、新要求，坚持山水林田湖草沙冰一体化保护和系统治理，为努力建设美丽中国，实现中华民族永续发展，走向社会主义生态文明新时代，指明了前进方向和实现路径。城和乡是在同一个生态体系，枢辅相成，融合发展，共建共享。没有美丽乡村就没有美丽中国。2013年年初，原农业部决定在全国开展美丽乡村创建活动，以促进农业生产发展、人居环境改善、生态文化传承、文明新风培育等为目标，通过目标引导、政策扶持、项目投入、科技支撑、宣传推介、典型示范，实施美丽乡村创建工程。发布了美丽乡村创建目标体系和技术措施，推选出一千个美丽乡村，总结出美丽乡村十大典型模式，评选出一批先进人物，举办了美丽乡村博览会，联合制订了《美丽乡村建设指南》国家标准。各地的创建活动有声有色，海南省提出以共享农庄作为美丽乡村建设的抓手。安徽省持续开展美好乡村建设。广西壮族自治区扎实推进"美丽广西·清洁乡村"活动。河北省开展了生态文明村创建活动。四川省提出打造"微田园"。重庆市以提升农民生活品质、促进人与自然和谐相处为核心，发展农村经济、改善人居环境、传承生态文化；以培育文明新风为途径，每年建设市级美丽乡村示范村 100 个，形成点上有特色、面上有规模、整体大变化的美丽乡村格局。江西省南昌市提出"唱响休闲农业、舞动秀美乡村"。福建省漳州市提出"富美乡村"建设计划。这些都为全面推进美丽乡村建设提供了很好的经验做法。2018 年中共中央办公厅、国务院办公厅印发《农村人居环境整治三年行动方案》，各地区、各部门大力推进农村生活垃圾、厕所粪污、生活污水治理，以村庄规划管理为抓手，提升村容村貌，改善农村人居环境，建设美丽宜居乡村取得显著成效。2019 年，中央农办、农业农村部等五部门联合印发《关于统筹推进村庄规划工作的意见》，明确将加强村庄规划作为实施乡村振兴战略的基础性工作。

第三阶段是 2020 年打赢脱贫攻坚战后，"三农"工作重心历史性地转向全面推进乡村振兴。从扎实有序做好乡村发展、乡村建设、乡村治理重点工作来说，聚焦产业促进乡村发展，宜农则农、宜工则工、宜牧则牧、宜游则游，完善现代农业产业体系、生产体系、经营体系，拓展农业多种功能和乡村多元价值，延长产业链、完善创新链、提升价值链，培育壮大各具特色的乡村产业。实施乡村振兴战略，一个重要任务就是推行绿色发展方式和生活方式，习近平总书记指出："环境就是民生，青山就是美丽，蓝天也是幸福，绿水青山就是金山银山；保护环境就是保护生产力，改善环境就是发展生产力"。"要抓好生态文明建设，让天更蓝、地更绿、水更清，美丽城镇和美丽乡村交相辉映、美丽山川和美丽人居有机融合。"2021 年中共中央办公厅、国务院办公厅印发《农村人居环境整治提升五年行动方案（2021—2025 年）》，强调"十四五"时期要实现农村卫生厕所普及率稳步提高，农村生活污水治理率不断提升。2021 年 6 月，住房和城乡建设部、农业农村部、国家乡村振兴局联合印发《关于加快农房和村庄建设现代化的指导意见》，目的是加强农村基础设施和公共服务设施建设，整体提升乡村建设水平、建设美丽宜居乡村。2022 年 5 月，中共中央办公厅、国务院办公厅印发《乡村建设行动实施方案》，强调坚持数量服从质量、进度服从实效，求好不求快，从实际出发，尊重农民意愿，突出农民主体作用，激发他们自觉参与乡村建设的内生动力。方案提出，实施农村人居环境整治提升五年行动，推进农村厕所革命。同时，顺应数字化、信息化发展趋势，提出实施数字乡村建设发展工程，推进数字技术与农村生产生活深度融合，持续开展数字乡村试点，提升农民数字素养，让农民生活更美好。

"建设宜居宜业和美乡村"是党的二十大提出的战略任务。宜居宜业和美乡村具有丰富内涵，从内到外，由表及里，塑形铸魂，体现了乡村建设从形到神的更高要求，体现了生产、生态、生活、人文的高度统一。产业美是基础，生活美是目的，环境美是特征，人文美是灵魂。

要开发有利于农民就业和受益的产业业态。没有产业就没有人气，没有人气乡村就没有生气。只有产业特色明显、产品优质安全、生态和谐宜居，特别是农民成为乡村产业发展的最大受益者，才能从根本上建设好和美乡村。要充分发挥市场在资源配置中的决定性作用，以市场需求为导向，发挥市场化、信息化、品牌化的引领促进作用，激活发展要素，培育新业态新商业模式，完善利益联结机制，加快构建现代乡村产业体系，推动乡村产业高质量发展。

要推动实现共同富裕的美好生活。生活美，就是要物质生活宽裕、公共服务到位、社会保障有力，其实质上与共同富裕理念一脉相承。要在不断巩固拓展脱贫攻坚成果，牢牢守住不发生规模性返贫底线的基础上，更多依靠发展增加脱贫群众收入，让脱贫群众生活更上一层楼。要高度关注非脱贫地区低收入群体，健全农村低收入人口和欠发达地区常态化、长效化帮扶机制，加快县域城乡融合发展，不断缩小城乡差距、收入差距、发展差距。

要增强乡村环境的舒适度和吸引力。环境美，就是要布局规划合理、基础设施完善、自然环境和谐。要顺应村庄发展规律和演变趋势，分类推进村庄规划布局，实现村庄形态与自然的和谐，体现农民的审美观。要健全政府提供基本公共服务、农民参与规划建设和运行管理的有效机制，扎实推进乡村建设行动，加快补齐农产品仓储保鲜冷链物流、数字乡村等基础设施短板，满足农民群众美好生活需要。

要推动重塑乡村价值。人文美，指乡风朴实文明、地方文化鲜明、邻里亲朋和谐，和文化是其灵魂和精髓。要高度重视中华和文化的保护传承，在保护传承中拓展外延和内涵，丰富乡村文化符号和文化形态，推动乡村价值重建，带动乡村经济发展。要重视中国农民丰收节的引领作用，带动乡村深入挖掘文化内涵，保护传承优秀文化，让积极健康的文化丰富群众生活。要加强和改进乡村治理，注重运用现代信息技术，推动乡村网格化管理、数字化赋能和精细化服务。要加强农村精神文明建设，培育文明乡风、良好家风、淳朴民风，推动农村移风易俗，打造文化产品、文化符号和文化形态，推动乡村文化在乡村建设中持续发挥更大作用。

总之，和美是中国式现代化的乡村价值追求，建设宜居宜业和美乡村，要深刻理解"和美"的丰富内涵，紧紧围绕拓展农业多种功能和实现乡村多元价值，大力弘扬中国特色的传统农耕文化，服务于农业高质高效、农民富裕富足、农村宜居宜业，服务于全面推进乡村振兴，加快农业农村现代化。

（作者系湖南师范大学中国乡村振兴研究院专家委员、农业农村部市场与信息化司司长）

乡村振兴面临的突出伦理问题与对策

⊙ 向玉乔

乡村振兴战略是以习近平同志为核心的党中央作出的重大战略部署。在推进这一重大战略中，乡村以社会主义核心价值观为指引，大力推进乡风文明建设，乡村伦理文化发展取得了显著成效，但遇到的挑战和问题也不少，影响了乡村振兴战略推进的速度和质量。全面推进乡村振兴实现农业农村现代化，必须深挖乡村伦理问题产生的原因，找到解决这些问题的对策措施。

一、当前乡村振兴面临的五大突出伦理问题

乡村振兴包括乡村物质经济和精神文化的全面振兴，其中伦理文明是精神文化的重要组成部分，是乡村振兴乡风文明的核心，是建立在物质生产力之上的乡村振兴的内在精神力量。当前，乡村振兴面临五大伦理问题。

1. 乡村道德记忆淡化，传统伦理文明被遗忘

道德记忆是人类记录和重现道德生活经历的能力。它既是人类道德生活的根本基础，也是人类道德生活的重要内容。没有道德记忆，人类道德生活既无法想象，也无法向前推进。在当今中国乡村，乡民对先辈道德生活经历的记忆淡忘甚至遗忘的问题日益突出，越来越多的乡民仅仅关心当下的道德生活，对先辈的道德生活缺乏了解和记忆，致使乡村道德生活缺乏必要的道德记忆基础。久之，中华优秀的传统道德文明就会被遗忘。

2. 道德冷漠不断加剧，乡村人际关系陌生化

道德冷漠是现代社会的通病。人与人之间缺乏道德情感和道德关怀是道德冷漠的基本表现。在中国，道德冷漠现象首先出现在城市，主要表现为城市人口之间缺乏相互关心、相互关爱的现实，如今正在向乡村蔓延。邻里守望、邻里相助等传统美德在当今中国乡村呈现日渐淡化的趋势，乡民之间的交往、交流和相互关心、关爱日渐减少，乡民之间的道德隔阂呈不断加剧之势，村民之间出现情感陌生化，乡村凝聚力不断减弱。

3. 道德代沟日益严重，代际冲突增多

道德代沟是人类社会从古至今一直存在的现象，意指不同代人在道德认知上存在差异性，其主要表现是不同代人具有差异悬殊的道德认知和道德价值理念。在当今中国乡村，这一问题正变得日益突出，其主要表现是乡村父母与子女之间的道德认知和道德价值理念普遍存在巨大差异，而弥补这种差异的可能性空间在不断缩小。代际之间的道德差异直接影响代际价值认同，进而影响代际感情沟通，造成乡村代际冲突日渐增多。

4. 道德生活庸俗化，乡风文明建设添堵

人类道德生活可以很高雅，也可能很庸俗。在当今中国的很多乡村，村民的主要娱乐活动是打牌。每到晚上，乡民就聚集在一起打扑克、打麻将，有些乡民甚至在大白天聚集赌博，不干农活。吸毒现象也常见于很多乡村，多见于青年中间，对中国乡村伦理文化产生巨大危害。道德生活庸俗化是当今中国乡村面临的突出伦理问题，也是乡风文明建设的难点和堵点。

5. 道德生活意义感弱化，道德追求动力不足

人类过道德生活的根本目的是要获取道德生活意义感，具体表现为人们在道德生活中所产生的光荣感、荣耀感和幸福感。在当今中国乡村，越来越多的人难以在道德生活中确立强烈的意义感，得过且过，甚至表现出严重的道德悲观主义态度，缺乏高尚的道德追求和修心养性的道德动力。

二、乡村在振兴过程中面临突出伦理问题的原因

乡村伦理问题的核心是百年不遇的大变局中，新时代经济社会发展的复杂性造成的，其具体成因不仅有历史的原因，也有主体的主观原因，还有乡村发展的

客观原因，以及乡村伦理文化滞后、乡村道德治理乏力等原因。

1. 缺乏道德记忆建构和传承机制是历史原因

中国乡村本来是道德记忆源远流长、博大精深、丰富多彩的地域，但由于缺乏完善的道德记忆建构和传承机制，道德记忆缺失的问题在当今中国乡村十分严重。中国乡村主要依靠乡俗、乡规、家风、家训等方式建构、传承道德记忆，但这些方式具有随意性、零散性特征，不能承担建构和传承中国乡村道德记忆的全部职能。由于缺乏完善的道德记忆建构和传承机制，中国乡村出现道德记忆淡化的问题就在所难免。

2. 道德认知不到位是主观原因

在当今中国乡村，越来越多的人更多地关心如何挣钱的问题，很少有人会关心如何提高人的道德素质、思想素质、精神品质等深层次问题。大部分村干部素质偏低，普遍不重视乡村道德建设和乡村伦理文化建设问题。道德认知不到位，不利于提高中国乡村道德生活水平，甚至将中国乡村道德生活不断拉向庸俗化的方向。

3. 乡村巨变是客观原因

改革开放 40 多年，中国乡村发生了天翻地覆的变化。最重要的在于，大部分乡村中青年离开乡村，涌入城市，变成了农民工，不仅导致了大国乡村严重空巢的问题，而且以前所未有的方式加剧了乡村的道德冲突。农民工在城市接触和接受了现代道德价值理念，回到乡村时，他们的现代道德价值理念与乡村的传统道德价值理念很容易形成冲突。另外，乡村青少年大量涌入城镇读书，也加剧了中国乡村的道德记忆淡化、道德代沟日益严重等问题。

4. 乡村伦理文化建设滞后是根本原因

在当今中国乡村，伦理文化建设滞后于经济建设的问题非常明显。在推进乡村振兴过程中，我国社会各界更多地把注意力和精力放在经济建设等领域，很少关注和重视乡村伦理文化建设，造成了乡村伦理文化建设严重滞后于乡村经济建设的突出问题。如果乡村伦理文化建设不能及时跟上乡村经济建设的快速步伐，中国乡村出现道德记忆淡化、道德代沟日益严重、道德生活庸俗化等问题就不可避免。

5. 乡村道德治理乏力是关键原因

乡村是中国社会最广阔的领域，乡村人口是中国人口的主要组成部分。改革开放 40 多年，我国社会治理、国家治理和道德治理的重心在城市，乡村处于被忽略的地位，这不仅使乡村在当今中国的社会治理、国家治理和道德治理格局中被边缘化，而且使中国乡村在发展过程中出现的突出伦理问题无法得到及时、有效解决。

三、解决乡村振兴中突出伦理问题的五点建议

如何解决乡村伦理问题，事关我国全面乡村振兴的成败。因此，要把乡村振兴中的伦理问题置放于民生发展的高度，从转变理念、立足根本、聚焦重点、重视外援、着眼长远等入手，构建解决乡村振兴中伦理问题的对策措施。

1. 转变理念，将国家发展重心从城市转向农村

在改革开放进程中，中国城市长期居于发展的中心地位，从国家改革开放政策中受益较多，而广大农村长期处于边缘地带，从国家改革开放政策中受益相对较少。经过 40 多年改革开放，中国式现代化顺利推进，达到比较高级、成熟的阶段，中国的发展理念应该进行必要的调整，将发展重心从城市转向农村。农村是中国社会的根基，它的发展水平从根本上决定着中国社会的整体发展水平。如果农村长期落后于城市发展水平，中国式现代化就算不上真正成功。

2. 立足根本，把乡村伦理文化建设确定为乡村振兴战略的核心任务和根本使命

要振兴乡村，必须首先振兴乡村经济，但这并不意味着中国乡村必须始终聚焦于经济。中国乡村的根本是具有中国特色的乡村伦理文化精神。中国乡村可能是落后的，但只要自强不息、厚德载物、邻里守望、邻里相助、勤俭持家、遵循自然规律等传统美德依然在强有力地发挥作用，它就依然是强大的，就依然能够在中国社会发展进程中占据不容忽视的重要地位。要实现中国乡村振兴，必须从根本上振兴乡村伦理文化精神。

3. 聚焦重点，加强乡村道德治理。要振兴中国乡村，必须大力推进乡村道德治理

乡村道德治理是一项无比庞大的系统工程，应该充分调动广大乡村人口向善、求善、行善的能动性、积极性和创造性，充分利用中国乡村蕴藏的丰富道德记忆和伦理文化资源，广泛借鉴中国城市推进道德治理的成功经验，着力建构共商、共建、共治、共享的道德治理体制，用全体人民共同富裕、全过程人民民主、以人民为中心的发展思想、维护社会公平正义、坚持和平发展、促进人与自然和谐共生、构建人类命运共同体等新时代中国道德价值理念教育广大乡村人口，致力于创造具有中国特色的乡村伦理文明模式。

4. 重视外援，不断增强乡村道德正能量

要用整体思维和系统观念推进中国乡村伦理文化振兴，既要鼓励和支持城市在岗党员干部到乡村任职，为乡村带去先进道德价值理念，又要鼓励和支持乡村干部进入大城市接受培训，使他们的伦理文化建设能力得到提升；既要鼓励和支持大学生到乡村求职就业，为乡村带去道德新风尚，又要为乡村干部深造学习提供条件，使他们有机会系统学习先进道德价值理念和伦理学理论；既要鼓励和支持城市退休人员回归乡村，为乡村伦理文化建设发挥余热，又要鼓励和支持外出务工人员回归乡村，使他们为传承和发展乡村伦理文化贡献力量。

5. 着眼长远，实施乡村伦理文化建设希望工程

加强中国共产党对乡村伦理文化建设的领导，充分发挥乡村党组织在乡村伦理文化建设中的组织、统筹作用；坚持以习近平新时代中国特色社会主义思想为指导，在中国乡村广泛宣传习近平总书记关于中国乡村伦理文化建设、乡村伦理文明建设的重要论述，致力于提高乡村人口的伦理认知能力和水平；提炼展示中国乡村伦理文明的精神标识和文化精髓，引导中国乡村人口增强道德生活光荣感、荣耀感和幸福感，从根本上提升其道德生活意义感；充分发挥村委会、村级党组织的道德教育职能，着力提高中国乡村人口的道德素质、思想素质和精神品质，以乡村人口高质量发展支撑中国式乡村现代化。

［作者系湖南师范大学道德文化研究院院长、教授、博士生导师，本文为国家社科基金重大招标项目"中国共产党的集体道德记忆研究"（19ZDA034）阶段性成果］

以传统健康伦理文化助力健康乡村建设

⊙ 黄泰轲　周山东

健康乡村建设是乡村振兴的重要性内容和基础性工作，中共中央、国务院在《关于全面推进乡村振兴加快农业农村现代化的意见》中要求"全面推进健康乡村建设"。从"大健康观"的视角看，健康不仅包括身体健康，也包括心理健康、道德健康、社会健康、生态健康,不仅与医学进步等科学技术因素有关,也与人际关系（典型如医患关系)和谐及健康资源公正分配等伦理因素有关。这表明，健康乡村建设是一项需要从多方面推进的系统性工程，在大力提升乡村医疗技术服务的同时，还应寻求一些伦理维度和力度的支持。传统健康伦理文化在健康乡村建设中可发挥重要的助力作用，尤其是对强化乡村居民健康自主意识、帮助乡村居民塑造健康生活方式及预防疾病作用重大。

一、乡村生活是传统健康伦理文化的重要生发土壤

传统健康伦理文化是中华传统文化的重要组成部分，是从伦理道德角度关注和增进健康的一切思想理念和实践活动的总和。比如传统医德文化、道德养生文化以及与健康相关的一些礼仪文化（像民间在春节、清明、端午等时节举行的祈福禳灾活动），皆属于传统健康伦理文化的资源范畴。不可否认，传统健康伦理文化也夹杂着一些消极的东西，像"信巫不信医"之类的愚昧迷信成分，但其主流是优秀的、积极的。本文是从积极面相来谈其价值的。

研究者认为，中华传统文化是一种崇道贵德的"伦理型"文化，其显著表征之一就是人们往往将个体的、家国的兴衰祸福与伦理道德紧密联系在一起。传统乡村社会缺医少药，宗教与道德信仰的气息又比较浓厚，更容易将"积德行善"与"避灾远祸""健康长寿"联系起来，像"积善之家，必有余庆；积不善之家，必有余殃"这样的话语、"积德延寿"这样的理念及"养生必先养德""德不修则寿易损"这样的劝诫成为很多乡规家训的重要内容。

健康不仅在于"治已病"，更在于"防未病"。在现代城市生活中，人们把健康首先交付给医药技术，生病之后，或吃药、或输液、或手术，然后恢复健康。在传统乡村社会，因医疗技术的相对落后和医疗资源的相对匮乏，人们更注重通过践行"以德润身""以德养生"的生活理念及生活方式，来达到预防疾病、维持健康的目的。在传统社会，即便是治病救人的中医中药，也讲"上工治未病"，《黄帝内经》说："圣人不治已病治未病，不治已乱治未乱……夫病已成而后药之，乱已成而后治之，譬犹渴而穿井，斗而铸锥，不亦晚乎！"

与城市生活相比，乡村生活更具有节奏慢、压力小、圈子窄、生态好等特点，更容易把心情舒畅、人情温馨、日子安稳、生态和谐凸显出来，而我们的老祖宗认为健康与这些因素息息相关。传统健康伦理文化就是在这样的土壤上生长、发展的，它的精髓在"致中和"，即个体通过修养努力，积极维系与自身、他人、社会、自然的和谐关系，进而在这种和谐的关系状态中维护和增进健康。

二、乡村长寿老人是传统健康伦理文化的践行者和受益者

2021 年 4 月，安徽省宿州市统计局发布了一份对全市 976 位百岁老人进行入户调查的报告。调查显示，宿州市的百岁老人，96.6% 的生活在乡村，仅有 3.4% 的生活在城市。调查还显示，"心平气顺""家庭和睦""适当运动""多吃蔬菜杂粮""不抽烟喝酒"是那些长寿老人自己总结出来的"长寿秘诀"。

近年来，"长寿乡""长寿村"现象越来越受到人们的关注和研究。民族医药学者任怀祥先生在走访云南文山落水硐这个"长寿村"时发现，"长寿村"同时也是"君子村"：乡亲们认为大自然、祖宗、社会、国家给自己馈赠了很多好东西，他们生活在"福地""好时代"，总是知足常乐、惜福感恩；村民都懂得"家和万事兴"的道理，"和和气气，团团结结，全村都是这样"；大家都很注意自己的言行规范，"按村规民约的要求去做，多少年来没有人违反过"。

中国人坚信"仁者寿""大德者必得其寿"，调查也发现，农村地区很多颐养天年的长寿老人多是有德之人。他们的"养生经"或"长寿秘诀"表明，人们在传统乡村生活中形成的知足常乐、节俭制欲、与人为善、天人合一的道德理念，以及此理念指引下的生活方式，比如生活朴素、饮食有节、乐于助人、早睡早起、运动有时、顺应自然等，对于保持和增进个体健康是大有裨益的。这一点也能得到现代医学的证明和支持。在现代医学看来，很多病是贪吃、贪玩而"吃出来的""玩出来的"，慢性病、疑难病的多发，以及它们在节假日后的高发，和患者心态不平和、饮食不节制、作息不规律有莫大的关系。

不能否认，现代医疗技术的进步极大地提升了现代人的健康水平和平均寿命。在安徽宿州的调查中，99.8%的百岁老人反映"生病时都能得到及时治疗"，但是在进行长寿归因时，老人们对医疗淡得较少。这表明，乡村长寿老人更认为自己是从对传统健康伦理文化的践行中收获健康并得以长寿的。

三、充分发挥传统健康伦理文化对健康乡村建设的助力作用

由上面论述可知，传统健康伦理文化通过以下作用机制对乡村居民的健康产生积极作用：第一，它使人们更加认识到自身道德修为与健康长寿的紧密关系，帮助人们深化树立"每个人是自己健康第一责任人"的意识，所谓"仁者寿"，而为仁由己，修德需靠自身努力，健康亦只能靠自己促成；第二，它引导人们控制欲望和消除不良嗜好，帮助人们培养或追求一种心态平和、家庭和睦、生活俭朴、顺应自然的健康生活方式；第三，它更加重视"治未病"，更加重视消除影响生命安全和身心健康的消极因素，帮助人们预防疾病发生。

健康乡村建设是一项系统性工程，除需要提升乡村公共卫生服务水平和为乡村提供优质高效的医疗服务外，还需要对乡村居民强化健康教育，帮助他们塑造自主自律的健康行为和形成文明健康的生活方式，防病于未然。传统健康伦理文化在帮助乡村居民强化健康自主意识、塑造健康生活方式和进行疾病预防方面有很广阔的作用空间，其作用效应亦能比较明显地从"长寿乡""长寿村"及乡村"百岁老人""长寿老人"身上体现出来。

充分发挥传统健康伦理文化对健康乡村建设的助力作用，需要结合乡村生活的实际和健康乡村建设的实践，强化传统健康伦理文化的宣传与传播、应用与践行、研究与推广工作，具体可在以下工作抓手上发力：

一是抓有利时机加大宣传。要利用国家、社会越来越重视中华优秀传统文化的有利契机，利用疫情后人们越来越关注健康养生和疾病预防的有利契机，利用乡村文化振兴和健康乡村建设越来越走向深入的有利契机，深化乡村生活中传统健康伦理文化资源的挖掘利用和传承传播。

二是抓重点人群深化应用。主要是乡村慢性病患者和青少年群体。乡村居民中有相当比例的人患有慢性病，现代医学认为，慢性病康复贵在养，可利用传统道德养生文化资源，帮助慢性病患者进行养生康复。青少年正处于健康观及生活方式塑造的关键期，要对青少年强化传统健康伦理文化教育，以引导其形成正确、全面的健康观和科学合理的生活方式。

三是抓典型案例示范推广。比如，乡村长寿老人"以德养生"的经验值得总结阐释、推广示范。再比如，乡村很多老人没有退休金或退休金很少，他们完全依靠家庭养老（上文提到的安徽宿州的调查数据显示，目前有 85.7% 的百岁老人的第一生活来源均来自家庭），中国乡村社会的"孝亲文化"，不仅支撑起了乡村老人的健康及养老问题，同时也要求赡养老人的子女保持身体健康以更好地养老尽孝，应该树立这种孝亲文化的典型，并且在健康乡村建设中大力弘扬孝亲文化的健康价值。还比如，一些民间儒者认为乡村社会重人伦关系，倘有人伦之过，常使人心气不平进而易生疾病（"伤一分天理，有一分疾病"），他们在乡村践行"劝病法"，即劝病患悔过迁善以使其舒心解压进而达到消病强身目的，事实表明，劝病法对一些根源于心理性的疾病具有比较显著的疗效。美国医生特鲁多认为医生对病人是"有时去治愈，常常去帮助，总是去安慰"，中国乡村社会劝病法的案例很值得跟踪研究并予以推广运用。

［作者分别为湖南师范大学道德文化研究院副教授、湖南女子学院教授。本文是湖南省教育厅科学研究重点项目"疫情防控常态下公民健康责任教育研究"（20A266）、湖南师范大学医学人文研究中心项目"儒家对疾病的道德认知"（2021YE）的阶段性研究成果］

县乡连线

强化县域经济高质量发展的责任担当

⊙ 吴乐胜

　　党的二十大报告指出，高质量发展是全面建设社会主义现代化国家的首要任务。近年来，常宁市坚持以习近平新时代中国特色社会主义思想为指导，全面落实"三高四新"战略定位和使命任务，聚力加快衡阳中心化进程，坚持"工业领航、绿色崛起、城乡协调、民生共享"，围绕"奋力跻身全省经济十强、加快迈进全国经济百强"的奋斗目标，强化县域担当，经济社会发展持续争先进位。

坚持强链升级，以产业之"强"壮大发展之"势"

　　近年来，我们准确全面地贯彻新发展理念，持之以恒地打基础、抓产业、强实体，加快建链、补链、强链，全力做大做强有色金属、纺织服装两大千亿产业。加快有色产业强链升级。以承接株冶搬迁为契机，持续推动水口山有色金属产业转型升级。水口山集团、株冶有色、五矿铜业三大百亿级龙头企业持续超产盈利，一大批上下游配套企业入驻。目前，常宁市有色金属产业链规模企业已达 36 家，高诺、金翼、隆源等民营企业产值税收稳定增长；玉兔钛业、承泰化工等 5 家企业年底有望投产，基本形成了关联配套、优势互补的有色金属产业生态。2023 年 1—10 月，水口山经济开发区完成工业总产值 293.1 亿元、税收 9.9 亿元，同比增长 31.16%。水口山铜铅锌产业集群列入全省先进制造业集群。加快纺织产业成型成势。湘南纺织产业基地环保园水处理、热电联产等链核项目加紧建设，服饰园一期 46 栋标准厂房和员工宿舍可全面交付使用，纺织产业基地已签约企业 58 家，进入企业抱团入驻、产业集群发展的快车道。

坚持项目为王，以项目之"进"支撑经济之"稳"

始终坚持以产业项目和园区为主战场，对照备案监督制和项目承诺制，集中火力开展项目攻坚。精准招商引项目。精准开展招商引资工作，遴选 5 名具有人脉优势和行业影响力的人士担任常宁招商大使，并组建粤港澳大湾区招商引资小分队，点对点开展招商引资工作，提升了招商引资工作水平。2023 年以来，我市引进百亿项目 1 个，引进十亿项目 1 个；湘南纺织产业基地完成招商入园企业 27 家。政企联动推项目。党政主要领导每月至少进企业听需求、解难题 1 次。采取"盾调度"方式推进湘南纺织基地环保园建设，建立书记、市长、分管副市长和企业高管参加的产业链联席会议制度，项目建设重大事项联席会议定后即可实施，减少了繁冗环节。用心服务促项目。对项目施工建设中存在的困难和问题，从住建、电力等相关部门抽调业务骨干组成服务专班，确保施工问题第一时间解决。针对湘南纺织产业基地建成投产后的用工问题，我们利用有效窗口期，提前发动村组干部对常宁在外从事纺织行业人员进行全面精准摸底，宣传、动员回乡就业，确保满足企业的用工需求。

坚持系统施策，以部门之"合"形成财税之"聚"

聚焦既定目标强化专题调度，对方向、措施、责任全方位整合，构建大统计、大税务、大财源工作格局。狠抓财源建设。建立"三高四新"财源建设工程联席会议，实行"一周一调度，一月一通报"。党政领导带头深入各职能部门、企业进行专题调研，及时帮助企业解决限电、资金等发展难题。制定出台《常宁市税源强基、财源建设"2625"工作方案》《6333 专项行动方案》等文件，把 15 项重点任务分解到各职能部门，强化信息共享，打破部门壁垒，分别构建形成统计、税务、财政部门牵头，各单位分工协作、各级上下联动、协同高效的大统计、大税务、大财源工作格局。强化考核激励。以"三高四新"财源建设为契机，建立耕地占用税委托代征机制，强化农村建房和临时用地征管力度，充分调动各乡镇（街道办）及各职能部门协税护税的主动性，汇聚起各部门协税护税合力。紧盯重点经济指标、真抓实干督查激励、底线工作等奖优罚劣，有效调动了各个层级和部门抓发展的积极性。

坚持服务至上，以环境之"优"促进市场之"活"

认真落实"清单管理制"，全力优化项目服务，及时解决难点、痛点、堵点问题。针对企业融资难，拓宽"新路子"。我们偕同企业家上门拜访金融机构，促进银企精准高效对接。帮助玉兔钛业仅用一个多月，从华融湘江银行贷款 3.4 亿元，并通过产业供应链金融服务平台为企业增信助贷，为隆源铜业等 6 家企业分别发放贷款 600 万元，解决了企业流动资金难题。针对项目审批难，开出"新方子"。聚焦企业反映的高频问题和堵点问题，大力推行并联审批和容缺办理，推进工程审批全程提速，企业开办缩短至 1 个工作日，工程建设全流程审批平均用时较以前减少 5 个工作日。同时，对全市所有窗口单位，分类别、分岗位进行行政效能公开测评，对同类型岗位排名后 3 位的岗位负责人直接免职，其他相关责任人分别作出相应处罚。针对企业用工难，创新"金点子"。创新建立"欢迎来常宁•'码'上有工作"就业服务平台，向全市 2 万余名返乡人员推送务工信息，引导其在家门口就业。自平台开通以来，入驻企业 53 家，提供就业岗位 1918 个，帮助企业解决用工需求 873 人。一系列举措有效激发了市场主体活力，截至 2023 年，我市新增市场主体 11435 户，其中净增企业 1760 户。

（作者系中共湖南省常宁市委书记）

推动三次产业融合发展走特色乡村振兴之路

⊙ 张家铣

深入学习《习近平谈治国理政（第四卷）》，深刻感悟到习近平总书记治国理政的远见卓识、勇于担当的政治魄力、驾驭全局的高超智慧、人民至上的真挚情怀。习近平总书记强调，要坚持把解决好"三农"问题作为全党工作重中之重，举全党全社会之力推动乡村振兴，走中国特色乡村振兴之路，促进农业高质高效、乡村宜居宜业、农民富裕富足。这是总书记对"三农"工作寄予的厚望和深情，也是我们因地制宜、真抓实干，用心用情用力推动"三农"工作高质量发展的根本遵循和行动指南。口方县毗邻市区，区位条件优越，产业基础良好，在乡村振兴上应有更大作为，走出中方特色乡村振兴之路。

在打造特色产业上创新业

产业兴，农民富。结合六大强农行动，大力实施农业产业"12345"工程：创建一个以刺葡萄产业融合发展为主体，以油茶和金秋梨为两翼的国家现代农业产业园；打造桐木、铁坡两个特色产业小镇；建设三大特色产业基地，即建设三万亩奥谱隆优质稻制种基地，建设五万亩以龙牙百合、艾叶、鱼腥草、金银花为主导的中药材基地，建设十万亩以蓝莓、金秋梨、葡萄为主的精品水果基地；培育天天食品、南方葡萄沟酒庄、康润农业、金糯咪四家省级农业产业化龙头企业；抓好新建龙牙百合、袁家鱼腥草、铁坡金秋梨、半界黄桃、泸阳艾叶五个国家地理标志保护产品认证。

在推动融合发展上开新局

围绕推进鹤中一体化及建设三产融合先导区，培育两条以上乡村旅游精品线路，建成集住宿餐饮、生态农庄、农耕研学、农事体验为一体的"国家级大中小学劳动实践教育基地"；加快怀化国际陆港中方临港产业园建设运营，提升集货能力，让"中味方好"系列农产品走出国门、走向世界；开发百合、艾叶、蓝莓等系列保健产品，推动疗养、康复、养生、文化传播、商务会展、科考与旅游相融合的产业持续健康发展；深挖历史文化底蕴，推动荆坪、黄溪、南方葡萄沟等景点景区提质升级，擦亮文旅名片。

在完善乡村治理上破新题

建强基层党组织，全面推行"党建＋微网格"、农村党员"五个到户"机制，开展乡村振兴"擂台比武"和走村观摩活动，打造一批抓党建促乡村振兴示范村。建设平安乡村，落实"一村一辅警"，强化"雪亮工程"，一体推动访源、诉源、警源"三源共治"，打造全国平安建设先进县升级版。扎实开展农村人居环境整治，打造一批美丽村庄、美丽庭院、美丽溪谷。加强乡村精神文明建设，持续推动移风易俗，完善自治、法治、德治相结合的乡村治理体系，打造一批党建引领村庄、民主自治村庄、平安法治村庄、文明德治村庄、生态宜居村庄、清廉和谐村庄。

（作者系中共湖南省中方县委书记）

从小岗精神中汲取奋进力量

⊙ 李锦柱

习近平总书记在党的二十大报告中指出："弘扬以伟大建党精神为源头的中国共产党人精神谱系，用好红色资源。"安徽省凤阳县小岗村作为中国农村改革的发源地，我们要深入学习贯彻落实党的二十大精神，以习近平新时代中国特色社会主义思想为指导，牢记习近平总书记考察小岗的殷殷嘱托，从小岗精神中汲取奋进力量，加快建设创新小岗、美丽小岗、实力小岗、幸福小岗，让小岗精神在农村改革发展的新时代继续传承弘扬。

中国改革发端农村、源起小岗。1978 年年底的一个夜晚，小岗村 18 户农民一致同意分田到户搞"大包干"，并签订了保证书，按下了红手印，从而拉开中国农村改革大幕。新征程上，在新时代乡村振兴的新起点上，要弘扬"改革创新、敢为人先"的小岗精神，凝聚奋进新时代的强大力量。

加强基层党建，铸强战斗堡垒。我们将进一步加强村"两委"班子建设，将其打造成为落实党的政策，密切联系群众，带领农民致富，维护农村和谐稳定的坚强战斗堡垒。坚持强化思想教育和政治建设、组织建设，用党的理论武装头脑，用红色基因强基固本，用改革思维推动工作，用为民情怀改进作风。坚持密切联系群众、深入群众，第一时间了解群众所思所想所盼，及时帮助他们解决"急难愁盼"问题，用干部辛苦来解决百姓疾苦。坚持担当作为，积极为村民大众创业万众创新营造氛围、创造环境、搭建平台、整合资源，把政府有为的手、市场无形的手和百姓勤劳的手紧紧地握在一起，汇聚乡村振兴的不竭动力。

　　深化农村改革，培育发展动能。我们将牢牢抓住农民与土地关系这条主线，坚定不移地深化农村土地"三权"分置改革，着重在搞活经营权上下功夫；持续深化农村集体产权和"三变"改革，不断丰富新型集体经济发展路径；积极探索农村金融改革，以小岗乡村振兴银行为金融产品创新主体，用政府引导、政策支持、市场逻辑、资本力量、平台思维、专业操作、百姓参与的模式，推动新型农业经营主体壮大和村民创新创业；以乡村振兴基金为抓手，构建产业布局，整合各类资源，推动城乡之间要素有序流动、融合发展，推动实现高质量乡村振兴。

　　推动产业发展，夯实发展基础。我们将因地制宜推动一、二、三产业融合发展。一是坚持做好以粮食安全为基础的重要农产品供给，推动一产做优。以"两强一增"为统领，以小岗国家农业科技园区为载体，以高标准农田治理改造提升为抓手，着力构建现代农业生产体系、产业体系、经营体系，推动新型经营主体对农户的带动，实现小农户和现代农业的有机衔接。二是瞄准主攻目标，推动二产做强。坚持项目为王，以小岗农产品加工产业园为载体，做大做强产业投融资公司，抢抓长三角绿色食品加工业（小岗）大会契机，贯彻"亩均论英雄"，发挥小岗品牌引领作用，打造产业主引擎。三是突出特质禀赋和独特资源，推动三产做旺。重点围绕红色旅游、乡村旅游、教育培训、农村电商、金融等服务业做足文章，夯实以现代农业为基础，农产品加工为核心，文旅、培训、电商等为支撑的一、二、三产业融合的产业基础。

　　切实保障民生，建设美丽乡村。我们将践行以人民为中心的发展思想，持续完善基础设施和公共服务，进一步提升村内道路、自来水、天然气、污水管网、绿化、网络等基础设施配套建设水平。进一步加大教育奖励力度，提升小岗学校教育教学质量。积极推进智慧医疗覆盖小岗，规范开展家庭医生签约服务，全面提升医疗卫生服务水平。进一步加强小岗敬老院硬件建设和服务管理，持续推动"老年助餐"等暖民心工程，提升养老保障水平。村集体经济收益继续为村民分红，继续为村民的新农合、新农保、政策性农业保险"买单"。

　　强化乡村治理，实现三治融合。我们将进一步完善党建引领网格化治理机制，建设数字小岗平台，实现网格化管理、数字化赋能、精细化服务。常态化开展文明新风户、美德少年等先进典型评选表彰。持续提升推广"美德银行"经验，推进移风易俗，用小积分撬动大治理。持续加强道德榜样、家训家风等德育教化，大力弘扬社会主义核心价值观，以有效治理促进乡风文明。践行新时代"枫桥经验"，探索依法治村与经济发展相结合、与解决村民合理诉求相结合、与民主管理相结合的有效途径。构建党组织领导下的"三治融合"，实现以自治消化矛盾、以法治定纷止争、以德治春风化雨，着力培育新时代文明乡风、淳朴民风、良好家风。

提升内生动力，增强发展能力。我们将更加注重运用市场化手段，创新投入方式，激励、帮助村民创业，"做给农民看，带着百姓干，帮助群众赚"，培育新型经营主体，推动大众创业、万众创新。更加注重小岗品牌运营，"小岗品牌"是百姓创造的，我们要打小岗牌，唱经济戏，做发展文章，带动千万百姓。更加注重人才培养，坚持"引智上岗"，通过招商引资和招才引智，让"外来和尚"带动念好发展经，搞活一方产业，提升文化软实力；加速本地人才培育，让"千里马"成长为改革发展带头人；吸引外出务工人员返乡创业，让"凤还巢""雁归来"成为主力军，激活乡村发展一池春水。

（作者系中共安徽省凤阳县委常委、小岗村党委第一书记）

务必正视基层的新情况新问题

⊙ 罗峰

当下，基层社会与基层工作的生态发生新变化，出现新问题，面临新挑战，基层治理体系与治理能力亟待提升。

一段时间以来，传统农业生产组织瓦解，很多村庄的集体组织濒于涣散，集体组织的劳动形式不复存在。如今群众基础发生了多方面变化，代际更迭使得群众对党的认同已经从过去的感情认同，转变为法理认同和利益认同；市场经济导致社会利益多元多样多变，利益诉求呈现碎片化。群众的集体意识也随之淡化了，不少群众认为所有的事务都会有政府来做，都该由政府去做，于是出现"干部忙了一身汗，群众还是不点赞"的现象。

基层干部是党和国家事业的基础性力量，是联系群众的纽带。基层干部队伍经历几次代际更迭后，思想观念、生活方式、工作方式与老一辈党员干部有了很大的不同。一些基层干部，特别是青年干部常常耗在办公室里做资料、台账和表格，少有时间到一线直接接触群众，缺少老一辈干部工作做到田间地头的踏实作风，与群众打交道的意识、能力和作风亟待提高。

基层治理本质上是面对面的群众工作。市场化情境下基层治理面临的问题更加多元，群众的需要更加多样，且难以标准化；"小问题""微需求"琐碎，且无规律性。大包大揽，一把"钥匙"难开所有的"锁"，因此基层的基本公共服务需要"包罗万象"的有效供给。如果公共事务缺乏群众参与，群众仅仅是喂养式服务的客体，就必然会等靠要，"坐在屋里打麻将，躺在门口晒太阳，等着政府送小康"。久而久之，基层就容易造成被动等待、反向依赖的"巨婴化"，染上基层治理的"政府依赖症"。而且，以互联网、通信技术为依托的技术治理方式向基层社会引入，基层治理越来越规范，又促使基层治理趋向科层官僚化、责任无限化。现代技术治理体制并不必然带来基层治理能力的提高和基层治理现代化。

乡镇一级在不断膨胀，甚至村一级行政化趋势日益显现。"上边千把锤，下边一根钉"，基层权力小、责任大、事情多。村已经成为事实上的一级行政组织，承担了很多本应该由上级行政组织负责的工作。村干部"上管天，下管地，中间管空气"，成了事多、会多、迎检多的"村三多"。在严格的考核制下，村干部基本上按照基层党委政府的指挥棒在开展工作，不断地接待上级的检查督查考核，面临着自由裁量权的压缩和问责风险的压力。

近些年村庄治理的规范化、制度化和标准化程度不断提高，办事留痕已经渗透到了村级治理全过程。基层管理的规范与程序越多，"钦差"下乡督查也就越多，基层事务层层分解、层层督察。"干部干，群众看，钦差大臣当裁判"。基层在实践中出现问题，就会印发通知，让基层都打上规范与督查的补丁。制度套制度，叠床架屋，左支右绌。基层干部就要耗费大量时间留痕迎检，分身乏术，挤压了与群众打交道、谋发展的时间和精力。

总之，基层群众工作呈现出一些"悖论"，交通、通信更便捷了，但干群之间的心理及服务群众的距离远了；乡村合并使人口更密集了，但引导群众的本领小了：社会更多元了，但凝聚群众的能力弱了；程序台账越来越规范了，但动员群众的效果差了。

1927年，青年毛泽东花32天时间，走访湘潭、醴陵等5个县实地调研，获取大量的第一手资料，最终形成《湖南农民运动考察报告》，为农民运动实践提供了理论上的指导。党的十九大报告中，习近平总书记以居安思危的强烈忧患意识告诫全党脱离群众的危险。基础不牢，地动山摇。进入新时代，乡村依然是中国现代化的稳定器和蓄水池，是中国社会的缓冲垫。

守正创新做好新时期的基层工作，就要在党的领导下，把人民群众组织起来，激活人民群众的主体性，依靠人民群众自我治理，基层治理扁平化；结合基层工作实际，深入开展"干部能力提升年"活动，尤其注重提升年轻干部的基层工作能力；完善对基层工作的考核激励办法，减少各种各样的形式主义和官僚主义，真正为基层减负赋能，基层治理才能高效顺畅、生机勃勃，基层社会才会祥和安宁、长治久安。如何具体细化落实，这是亟待解决的重大课题。

（作者系湖南省茶陵原县委常委、县委办主任，现任株洲市社科联党组书记）

乡镇与乡镇干部是什么与怎么干

⊙ 宋晓波

党的二十大报告深刻阐释了习近平新时代中国特色社会主义思想的理论创新，全面擘画了社会主义现代化建设的宏伟蓝图，气势磅礴、催人奋进。习近平总书记强调，当代中国青年干部生逢其时，施展才干的舞台无比广阔，实现梦想的前景无比光明。年轻干部作为实现中华民族伟大复兴中国梦的主力军，身处农村广阔天地和实现乡村振兴奋斗目标第一线，直接服务群众，赓续和发扬党的光荣传统和优良作风，更要自觉肩负起时代责任，坚定初心、砥砺前行，争做能干事、干实事的新时代乡镇最美干部。

一、乡镇是什么

于很多人而言，乡镇是淡淡的乡愁。但是，于年轻干部而言，乡镇是"练兵场""大熔炉"，是丰富阅历、增强本领的阵地和沃土。

（一）乡镇是干事创业"大舞台"

莫怕庙小难留人，广阔天地任驰骋。乡镇处于我国政权组织的最底层，条件相对艰苦，情况较为复杂，工作多以千头万绪、包罗万象的杂事、小事为主；但也是贴近群众的最前沿，是干群互动的主阵地，在乡镇照样能实现人生价值。革命年代，农村包围城市，星星之火可以燎原，党员经受着流血牺牲的考验；改革开放时期，是从安徽省凤阳县小岗村拉开的序幕；党的十八大以来，脱贫攻坚成为乡镇干部工作的主旋律，在党中央的领导下，千百万党员干部奋战在基层一线，无私奉献，实现了9899万农村贫困人口全部脱贫，为全球减贫治理提供了"中国方案"；今天，以习近平同志为核心的党中央坚定推进乡村振兴，着力促进全体人民共同富裕，共产党人以不变的初心和使命兑现誓言。各位也将投身于乡村振兴的伟大事业，只要能潜下心来，俯下身子，敢闯、敢干、敢为，就一定会在希望的田野上开拓一片崭新的天地。

（二）乡镇是增长才干"大课堂"

"农，天下之本，务莫大焉。"习近平总书记强调："只有深刻理解了'三农'问题，才能更好理解我们这个党、这个国家、这个民族。"乡镇是社会的缩影，社会的形形色色无所不包，无所不含，看似"块头"很小的基层却是服务群众"最后一公里"，干部聆听群众心声的"传声筒"，改革发展稳定的"第一线"。曾经的我，把烟叶当莴笋、把油菜当萝卜，也闹出过很多笑话。在基层，你才知道，群众的智慧是无穷的，你会更深刻地体会到毛主席说的"要做人民的先生，先做人民的学生"。十余载的经历，每年收烟后我都会走访全镇烟价最低的烟农总结教训、走访烟价最高的烟农总结经验，从烟叶的开沟撩壕、起垄盖膜、病虫防治、烘烤分级，我也成了行家里手，坪坝镇的群众从谈"烟"色变，到如今打造了全州千亩烟叶示范基地，湘西州的职业烟农还出自我们坪坝镇呢，农业发展，我从一无所知到成为分管，我也还在学习，还在路上。张忠好同志是20多年的老基层，从村主干、村辅警到村书记，他在疫情时期拉着音响走村串户宣传防疫知识，疫情防控要求居家监测，大家都不敢出门的时候，他却成为那场居家监测比赛中的"差等生"，连续几天占据微信步数的第一名，忠好同志抗疫事迹也获得了新华社中英文版宣传报道。也正是这样一步一个脚印，也得益于组织畅通的晋升机制，"村书记"成长为"好镇长"，现在是我们镇里分管农业农村的副镇长，也正是在基层锻炼出了千千万万个"好镇长"，为民服务才能掷地有声。所以，在这堂大课里，要面临琐碎繁杂的基础工作，应接不暇地迎来送往丰富了人生阅历，更能提前检阅年轻干部的综合素质。

（三）乡镇是锤炼干部"大熔炉"

习近平总书记指出，年轻干部多"墩墩苗"没什么坏处，把基础搞扎实了，后面的路才能走得更稳更远。近年来，无论是公务员招录，中央、省、市直机关遴选工作人员，还是领导干部选拔任用，都特别强调基层工作经历。事实也证明，基层是锤炼干部的"大熔炉"、培养干部的"大课堂"、造就干部的"大赛场"，从基层"摸爬滚打"过、与老百姓同甘共苦过、为老百姓公认的"好干部"，党性更纯洁，能力更突出，群众更信得过。要以最佳的状态接受基层大课堂的历练，勤于修身养性，诚于执政为民，敢于接受挑选，就一定会有为有位。

二、乡镇干部是什么

上面千条线，下面一根针。一个乡镇几十号人，对上承接几十个部门的工作安排，对下承接成千上万的老百姓。许多人开玩笑说乡镇干部是"千手观音"，要具备观音"多面手"的能力，需要随时"变形""变脸"，转换角色，完成任务。乡镇干部生活在农村、工作在农村、奋斗在农村、奉献在农村。乡镇干部是什么？我认为是旗帜、是火焰、是星星。

（一）乡镇干部是扎根一线的旗帜。乡镇干部就是要党性强、有本事、敢担当，在各方面能担当表率。

危难时刻要显担当。2020 年武汉爆发新冠疫情，我们采取班子包村、村干部包片、小组长包组、党员干部包户的形式，确保摸排不留一户，疫情袭来，物资匮乏，当时的我们没有防护服、没有口罩，冲在第一线挨家挨户开展武汉返乡人员健康监测，乡镇干部成为坪坝镇战"疫"前线不倒的旗帜；2021 年 7 月，"德尔塔毒株"确诊病例在坪坝镇临镇的墨戎苗寨出现，我带领坪坝镇党员干部坚持靠前指挥，成立坪坝镇疫情防控先锋队，组织人员星夜驰援默戎镇，建立健康监测点，实行 24 小时值班，共抗疫情。疫情期间板栗村种菜大户黄光兴找到政府，反映地里有菜无处卖，今年一年的辛苦要化为泡影了。叭喇村有群众在村微信群里反映买不着菜,基本生活成了问题。怎么样能搭建"供销平台"呢？我们集思创新，招募坪坝镇大学生志愿者通过打电话、入户走访、微信等方式收集群众所需菜单，推出"流动菜车"，搭建起"供销"平台，组织人员开车上门收购蔬菜，然后送到全镇各组，由村干部组织村民有序购买，保障了疫情期间群众生活物资供应和社会稳定。有效解决了"家里缺菜买不着、地里有菜销不掉"的问题，端牢群众"菜篮子""饭碗子"，得到了新华社的宣传报道。

繁杂局面要善作为。2016 年的曹家村村情复杂，人心涣散，发展滞后，各项工作排在末尾，村支两委召集齐组长开个会都很难，一开会就吵架，谁都不服谁管，镇干部大多不愿去该村开展工作。上任之初，我就主动联系该村。2016 年县里下拨了 5 万元人居环境整治项目，村里却迟迟不动工，原因是各个寨子都想要项目落地到本组，而项目经费有限，村主干做不了群众工作，导致项目难以落地。了解到情况后，村支两委组织群众召开院坝会议，会场就在组组寨寨，于是我们规定对于限定时间内完成的农户进行奖补，大家自己投工投劳，说干就干，群众的热情投入到了建设美丽家园的实践中，最终 5 万元的经费发挥了 30 万的效益，也正是因为这件事，干部听了群众意见，村干部面对群众、解决问题的信心慢慢建立起来了。同时纵深推进"互助五兴"基层治理模式，利用量化打分，给予积分奖励，进一步和谐邻里关系，开展"四治三种一创"，村集体给农户提供砂石水泥，农户各自承包组员房前屋后人居环境整治，曹家村完成了农村旱厕清零、农村电改清零、房前屋后硬化清零，群众参与积极性空前高涨。如今的曹家村凤凰涅槃，成为"中国第五批传统村落""中国特色村寨""湖南省卫生村""湖南省乡村振兴示范村""湘西州文明村""湘西州产业强村"。曹家村工作模式多次在"学习强国平台'、新湖南等媒体报道推广，取得了很好的效果。

干事创业要勇开拓。坪坝镇曾是产业空白镇，虽然有 1.2 万亩老油茶林，因青壮年劳力外出等多种原因叠加，茶山荒废，一度无人问津。看到这么好的资源得不到发挥，我痛心疾首，多方努力，找到了吉首市创业协会理事、本镇旦武营出去的青年张祥，动员他返乡创业。通过五年的努力张祥已成为名噪古丈的秀宝油茶合作社负责人、湖南油茶协会理事、中国油茶协会会员、湖南省劳动模范。在个人实现了人生价值的同时，也为推动全镇的油茶产业发展做出了很大贡献，我们重新开疆扩土，从油茶的低改到品改，到产品包装到销售，如今，我们的山茶油必须预定购买，价格实现翻倍增长。古丈人均一亩茶，是全省人均种茶面积最高的县，但坪坝镇的茶业却起步较晚。为推动全镇茶叶产业迎头赶上，造福百姓，我们引进乡贤胡维霞来乡发展，她的古阳河茶业有限公司到坪坝落户，逐过建立利益联结机制，签订用工、保底收购协议等方式，直接或间接带动坪坝镇 1400 多户茶农受益，拓宽了就业和增收渠道，得到群众一致好评，古阳河公司也先后获评省级扶贫龙头企业、湖南省老字号、中华全国总工会"工人先锋号"、湖南省龙头企业等殊荣。如今全镇主要产业已经初具规模，我们实现了从无到有的突破，基本做到了"村村有支柱产业，户户有增收项目"。全镇油茶种植达 2.4 万余亩，茶叶、烟叶、中药材种植全面发展。习近平总书记宣布全面脱贫的时候，我在天安门广场主会场，我脑海里全是坪坝的山山水水，我不禁问自己，是什么让自己选择留在基层？是干事创业的决心，是干群一道的勠力同心。现在，我们还在努力，为申报全省产业强镇而不懈奋斗。

（二）乡镇干部是燃烧燎原的火焰。乡镇干部就是要用饱满的精神状态，投入火热的为民服务的实践中去，做群众的贴心人。

助力脱贫振兴主战场。2016 年，我初到坪坝镇上任，这是一个纯苗族地区，语言不通、交通闭塞、经济落后，是出了名的基础薄弱镇，青壮年大都外出务工，2016 年人均纯收入不足 3000 元，贫困程度深，底子薄、起点低、困难多。刚上任一个月，我就走遍了坪坝的村村寨寨。酷暑难耐的 7 月里走进窝瓢村江西寨，冰雪封山的 1 月里踏雪走进曹家村客人寨，4 个小时的跋山涉水，真是风雨兼程，江西寨的百姓想去镇里赶集要早上 3 点起床，客人寨的板栗要想卖出寨子，事主凌晨就要开始背上走路，只有破解了坪坝镇基础设施薄弱的短板，才能发展。"纸上得来终觉浅、事非经过不知难"，只有经历了苦，才能体会群众的乐。2017 年，我们就通过向后盾单位、上级有关部门申请资金，在没有补偿的情况下，拉通了客人寨和江西寨的路。同时，脱贫攻坚 6 年，坪坝镇统筹资金 4900 万元，硬化各级公路 90 公里，新修产业公路 60 公里；全面实施安全饮水工程；升级"村民服务中心"9 个；完成农村改厕 1224 户；提质升级镇中心卫生院。2020 年坪坝镇的人均收入达 9600 元，贫困发生率由 31.3% 降至 0.75%。上任党委书记被评为"全国脱贫攻坚先进个人"，"坪坝脱贫攻坚模式"被湖南卫视、湖南经视等媒体宣传报道推介。

打造民族文化主阵地。坪坝镇是纯苗族聚居镇，民族文化底蕴深厚，像散落在苗寨深处蒙尘的明珠，"养在深闺人未识"。对冲排抽的棉线纺布、椰木的狮子苗拳、大田坪的打花带、旦武的声声苗鼓，还有整个坪坝的七月八苗族情人节……七月八是苗族人的精神寄托，却找不到展示的舞台，2017 年 6 月，扎根苗疆 40 年的文化站站长向光兴来到我办公室问道："宋镇长，坪坝以前搞七月八的时候是最热闹的，十里八乡的人都会来聚会，这是我们苗族人的盛会，今年不知道能不能组织开展哦？"以前的七月八是坪坝最热闹的时候，作为刚到任的镇长，要顶着安全生产的压力，举办万人情人节，又哪里是一件易事？开弓没有回头箭，群众的期盼，民族文化的洗礼，这场万人情人节，要办就要办得浪漫又漂亮。报名参加的队伍从 10 支到 50 支，全州有苗族的乡镇几乎全部参加，2017 年的七月八，从竹排放歌到上刀山下油锅，从苗歌传情到苗鼓阵阵，拦门酒、迎客歌、打苗拳、唱高腔，苗疆儿女的文化自信得到充分尊重和展示，"翘楚坪坝爱在苗疆"也成了全州人的盛会，献礼建州 60 周年。

担当为民服务主心骨。2016 年 "7·17" 特大洪灾冲毁了叭喇村 5.7 公里通村公路，影响沿途 3670 多人出行。我积极争取项目资金，吃住在工地，化解矛盾，于当年年底恢复了畅通。"这是一条富民路！" 叭喇村党支部书记龙心明说："公路恢复后，我们抓住机遇，发展村级集体经济，流转土地 760 亩，开发油茶、茶叶和烟叶，每年支付村民劳务费就是 31 万元。" 叭喇村秘书彭兴定说："看到村里基础设施改变了，村集体经济发展了，2017 年底我回村创业，兴办华西生态土鸡养殖专业合作社。目前村里有 50 多人返乡创业。"

（三）乡镇干部是布满天空的繁星。聚是一团火，散是满天星。乡镇要想做出成绩，离不开团结一心、干群同心，更离不开一个个一心一意守底线、谋发展、求创新的基层干部。

做守牢底线定盘星。2022 年 6 月 5 日，坪坝镇经历了 60 年来最严重的洪灾，白天还是晴空万里的天气，在得知特大暴雨汛情时，尽管对天气预报持怀疑态度，镇党委取消双休，通过微信群 "提醒"、村村响 "发声"、锣鼓哨 "报警"，提前转移地灾点群众等，有力维护了人民群众的生命财产安全。2022 年 8 月以来，湖南省面临百年不遇的旱灾，森林防火工作形势严峻，上级下达的命令，不下雨不出镇，印象当中两天不见的镇纪委书记张世纪同志怎么沧桑了许多，他笑着说道："书记，已经 20 多天没回去了，头发长了胡子没刮，回去我女子又要给我喊叔叔了。"喊叔叔不是一句玩笑话，干部们也在打趣，今年端午没放假是因为下雨，今年中秋没放假是因为没下雨，下不下雨的不重要，反正没假就对了。这是我们工作的家常便饭，习以为常。现在的我，有一双可爱的儿女，女儿成绩优异，儿子性格活泼开朗，10 年分居，我也没有错过孩子们成长的重要时刻，也因为有了这样的美的距离，每天视频分享孩子们的成长经历、每天关心彼此生活的细节成为我们夫妻之间的默契，儿女们更珍惜我回家的时间，性格独立且自律，这样的距离恰好也是促进彼此成长的桥梁。"所爱隔山海，山海皆可平。" 人民的利益高于一切，乐从苦中来，就体现在有大家才有小家上。

做乡村振兴启明星。向语涵是我担任县委书记时候服务过的对象，她曾因家庭贫困供不起 5 个孩子读书差点辍学，我知道情况后帮她寻找了爱心资助，圆了大学梦。考起武汉音乐学院的向语涵毕业后，曾在北京有份优渥的工作，2020 年年底，在村 "两委" 换届选举中，为了增强村委力量引入新鲜血液，我前后 5 次找到她，请她返乡创业，发挥领头雁作用。向语涵说："是宋书记改变了我的人生选择，让我从大城市回到养我育我的家乡，在乡村振兴中找到了自己的人生方向，她是守望乡村的一面旗，我也可以是。"如今90后女支部书记是湘西州人大代表，带领在家妇女创建"巾帼辣椒队"，曾经的深度贫困村在村集体经济发展中走出了新路子。

三、乡镇干部怎么干

"青年要立志做大事，不要立志做大官"。"农村是一片广阔天地，年轻干部大有可为。"我们即将下去挂职，成为乡镇干部。那么，我们在乡镇如何将自己锤炼成"全能选手"，成为群众满意的最美乡镇干部？

（一）在乡镇深学深悟，做学习型干部。

要向书本学，以习近平新时代中国特色社会主义思想为指引，进一步读原文、悟原理，坚定理想信念。要向同事学，向领导学，他们每一个人身上都有着优点，基层干部要大胆吸收他们的新思想、新观念、新经验，紧跟时代步伐。要向群众学。人民群众是历史的创造者，在实际工作中我们要学习群众方式、群众路线和群众语言，要结合工作实际，大胆地运用于实践，不断提高运用所学知识解决现实问题的能力。善于总结。在工作中，对于一些好的经验做法，要善于总结归纳，把杂乱的东西条理化、把有价值的东西经验化，切实做到在总结中不断地提高，在提高中不断地总结。

（二）在乡镇用心用情，做奉献型干部。

对待群众要有耐心。新农合收缴在巩固拓展脱贫攻坚成果同乡村振兴有效衔接期是政策守牢群众防返贫的底线，国家的好政策，得不到部分群众的支持和理解怎么办？只有耐心地劝导，每年收缴农合的时候都会有部分群众存在侥幸心理，觉得去年买了都没用上，想着今年也用不上就不愿意缴纳，我们采取分批处理，分类清零，主动缴费一批、村部代缴一批、佐证清缴一批、兜底保障一批，2022年的农合收缴工作，坪坝镇仅在10天时间内率先完成了脱贫户和监测户的收缴任务，古丈县得到了省乡村振兴局高度好评。

对待困难要有韧劲。民生无小事，百姓大于天。当政策的实施和群众的利益有了冲突要怎么办？拆除违建一直是乡镇面临的一项困难复杂的工作，曹家村是第五批中国传统村落，核心区全是青瓦木屋，不能随意拆建房屋，更不能修砖房。2019年七组老党员张久林花费9.5万元私自修建砖楼未报备，因违反传统村落保护规定，须限期进行拆除，对于他来说是大损失，甚至其他村民也站出来指责政府，他房子基础都建成了，你们拆就是不讲人情、不讲道理！当时拆除阻力很大，甚至以生命相威胁，张久林对上门来做工作的人员一概拒之门外。我多次上门做工作无果。在我们准备强拆的关键节点，时任州长来曹家村指导工作，我看见了其中蕴含的机遇，当天，我再次带着干部去张久林家，和他分享州长对村里的关心和重视，告诉他传统村落有保护性资金，马上村里就会迎来人居环境整治的大机遇，要他赶快修建一个木质民宿，接待外来的客人。我反复上门，反复给他做思想工作，最终打动了这位老人。在合法合规条件下，我们一起想办法尽可能减少他的损失，帮助其申报危房改造、残疾人创业资金等。人心都是肉长的，最终我们不仅做通了他的工作，他现在还成为村里脱贫致富的典型。以人名村，曹家村也因为有了许多典型成为古丈各项工作的示范村，发展前景不可限量。

对待清苦要有毅力。未曾清贫难成人。大家要树立远大理想，但行好事，莫问前程。大家即将奔赴的是全省各贫困地区，相对于省城的车水马龙，挂职的生活将会清苦许多。我的手机里有一张舍不得删除的照片，是拿手机拍的星空，像素不高。2021年默戎确诊新冠，作为邻近乡镇，我们安排干部24小时安全检测，10点过后，暑气未消，路上早已没有过往车辆，伴着蚊虫和蛙鸣，一名干部提出下河摸螃蟹，踩着清凉溪水，我抬头仰望星空，没有了灯光，那天星星格外闪烁，是大家一起将枯燥的检测点打扮有趣，是今天一天我们又守护住了坪坝的心安。基层的工作有苦更有甜，是团结一心，是拼搏奋斗，艰辛铸勇毅，磨砺得玉成。

（三）在乡镇敢闯敢干，做实干型干部。干部要讲团结而不是讲结团，乡镇干部平时吃住在乡镇，相处时间多，人心齐才能泰山移，乡镇干部要遇事多请示汇报，团结才能出干部。

善创新。伟大事业需要更高素质的干部，乡镇干部要发挥优势，解放思想、大胆创新、因地制宜、敢于挑战突破，以敢为人先的魄力、不断创新的精神、脚踏实地的作风、勇于担当的情怀闯出一条基层工作落地落实新路子。暑假期间突发疫情，赶上了基层人大换届、防溺水、抗洪抢险等工作，正是缺少人手的时候，坪坝镇创新打造人才"培育池"，招募本镇籍56名在读大学生作为"乡村振兴实习生"，让在校大学生在防返贫监测帮扶、疫情防控、抗洪抢险等工作中经受锻炼，同时也超前储备乡村振兴"后备军"，他们说："本是农村出来的学生，渴望走出大山，欣赏外面精彩的世界。但一回头，总有种思乡情，通过这次活动，已经在我心里播种了一颗为家乡服务的种子。乡村振兴，我们在路上！"

解难题。基层干部要学会调研，通过基层调研来发现问题、解决问题、推动工作。把实际情况掌握清楚、现实问题了解全面、解决方法研究明白、推动落实全程闭环。通过深入的基层调研我发现，群众要致富还是要靠创业带动，积极响应县委"引老乡回家乡建家乡"的号召，坪坝镇着力打造创新创业带动就业重点乡镇建设，大力开展人才回引工程，如何团结带领返乡群众开展创业，如何促使产业发展百花齐放，于是一场"坪坝镇首届创新创业大赛"，把全镇所有人的发展振兴之梦，把苗疆的创新创业力量，汇聚到了一个闪亮的舞台上。我们要让全镇人民看一看，苗鼓苗歌的节奏，苗绣花带的智慧，在乡村振兴的路上，到底能迸发出多大的能量，我们的活动通过媒体直播，当天直播浏览量破30万，蜂王酒、野生蜂蜜、苗家酸菜、酸辣子跳出传统产业让人眼前一亮，"家猪中的野猪""公鸡中的战斗鸡"成为坪坝新名片。

（作者系湖南省湘西州古丈县人民政府副县长、坪坝镇党委书记）

三农论剑

基层治理单元问题何以重要

⊙ 徐勇

近一年来，参与以共同缔造推进基层治理现代化的地方决策和实践，接触和谈论比较多的是基层治理单元的设置问题。2023年3月，我专门写了《小单元大问题》的文章。随着实践进展和理论思考，觉得还可以就一些基本问题作深度思考，以毛泽东50多年前的思考为例。

1943年，毛泽东指出："在农民群众方面，几千年来都是个体经济，一家一户就是一个生产单位，这种分散的个体生产，就是封建统治的经济基础，而使农民自己陷于永远的穷苦。"一家一户的生产单位造成社会组织的一盘散沙，毛泽东因此提出了"组织起来"的宏大命题。1949年后，中国开启了通过国家政权力量组织农民的进程，从互助组、初级社、高级社，直到建立人民公社。从"一大二公"的角度看，生产、核算的基本单元愈大愈好，从生产队到生产大队，从生产大队到公社，由此有了"一平二调"的"穷过渡"，出现了很大混乱。直到20世纪60年代初我国出现了巨大的经济困难，基本核算单位及其整个公社组织架构问题才引起毛泽东主席的高度重视，最后形成了"三级所有，队为基础"的组织和治理架构。毛泽东特别指出："我的意见是'三级所有，队为基础'，即基本核算单位是队而不是大队。""在这个问题上，我们过去过了六年之久的糊涂日子（一九五六年，高级社成立时起），第七年应该醒过来了吧。"

从这一案例，我们可以获得以下思考：

其一，单元是组织系统的结构性问题。单位是独立的组织。"一家一户就是一个生产单位"，相互间不是依存关系。由各个相互联系的要素构成组织系统整体，整体由不同的单元构成。生产大队、生产队是公社组织整体的不同单元。

其二，单元的设置基于一定标准。公社成立之初，之所以发生单元的变更，重要原因是设置单元的标准不一。从生产队到生产大队再到公社，单元设置愈来愈大，主要是基于分配。后来确定以生产小队为基础，主要标准在于生产。以生产队为单元，将生产单位与分配单位合为一体，便于促进生产。

其三，单元是组织系统的基础。公社实行"三级所有，队为基础"，生产小队之下，再没有完整的组织单元了。生产小队是一个相对独立的行动组织，构成公社整体的基本单元。通过这一组织可以实现公社整体的基本功能。基本单元与组织系统的基本功能的有效实现相关。

其四，单元关系着组织系统的运行。组织系统是由不同单元构成的有机系统。单元如何设置事关整个组织系统的稳定运行。针对人民公社之初的管理混乱，毛泽东甚至强调以生产队为基本核算单位"至少三十年不变"，直到后来确立"三级所有，队为基础"的管理架构，人民公社体制才得以稳定下来。

其五，单元关系着组织系统的性质。人类学家摩尔根很早就提出，"基本单元的性质决定了由它所组成的上层体系的性质，只有通过基本单元的性质，才能阐明整个的社会体系"。20 世纪 60 年代初，一些地方出现了以家户为单位的包产到户的做法。毛泽东从解决一时困难的角度，最初给予支持，但后来又加以制止，强调不能从生产队再"退"了。否则，整个人民公社的集体性质便会发生变化。

毛泽东的论述有一定预见性。为了调动农民积极性，农业生产实行家庭承包制。随着以家庭为单位的生产经营，作为生产组织的公社组织的基石不复存在，公社也不再存续。公社体制废除，实行家庭承包，解决了生产的问题；通过村民自治，解决公共事务的治理问题。乡镇以下的村民委员会属于群众自治组织。但是，随着现代化建设，政府日益深入到基层社会生活之中。政府成为社会管理的主体，并要求将自己的工作延伸到基层社会之中。作为政府机构的乡镇和街道之下的村民委员会和社区居民委员会事实上成为"行政村"和行政管理社区，成为国家组织系统对社会管理的基本单元。

基本治理单元问题之所以在共同缔造活动中提了出来，重要原因是共同缔造的核心要义是共同，强调政府、社会与群众的共建共治。共建共治是不同于过往单一的政府管理的新的治理理念，要求建构政府管理与群众参与相结合的治理共同体。中共十八届三中全会将"社会管理"改为"社会治理"。这意味着我国的基层治理组织系统的总体特性和目标发生了变化。原有的基于政府管理设置的治理单元显然无法实现这一目标。一是"行政村"和行政管理社区作为国家对社会管理的基本单元，更多的是完成政府任务。二是"行政村"和行政管理社区的规模较大，政府治理难以通过这一层级有效落实，民众难以通过这一单元参与日常治理活动。如我们在调查中所感受和了解到的是，干部的话群众听不到，群众的话干部听不到，干部群众两张皮、两条心。

随着以共建共治为目标的共同缔造活动的开展，原有的以政府管理为主要目标的基本单元设置问题日益暴露出来。人们日常生活基本单位与基层治理基本单元不匹配。如人们日常生活于村民小组（自然村），但这一组织不是治理的基本单元，且因为财政关系而虚化。人们每天生活于居民小区中，但小区内没有相应的治理组织主体，法律规定的居民小组在居民小区内未能建立。与此同时，共同缔造活动基本上都是在作为村居民生活共同体的自然村和居民小区内开展。如果要巩固共同缔造活动，实现共建共治目标，就必须解决基层治理的基本单元问题。

概括起来，现有的村社区作为基本单元，适应于单一的政府对社会的管理，共建共治的社会治理要求治理重心下移，以政府治理与群众参与相结合为标准，建构基层治理的基本单元。这一基本单元要求政府治理和公共服务能够有效落实，群众参与能够有效实现。

（作者系华中师范大学资深教授、政治学部部长，教育部首批文科"长江学者"特聘教授）

因地制宜推动县域差异化发展

⊙ 尹稚

县域经济和县域发展，事关我国未来城市化进程中数亿人口的生活质量提升和就业水平保障，也与农业安全、生态安全密切相关。党的二十大报告以及《"十四五"新型城镇化实施方案》，对推进以县域为重要载体的城镇化建设作出部署，引发了社会各界的广泛关注和热烈讨论。笔者结合清华大学中国新型城镇化研究院近年来的研究，重点阐释以下几点。

一、因地制宜推动县域和县城发展是必然选择

我国县域和县城发展条件差异巨大。一方面，空间尺度和人口规模差异大。县域空间辖区小的几十平方公里，大的数万平方公里；县城人口少的只有数千人口，大的已突破百万人口规模。另一方面，空间区位差异大。发达地区的县已成为城市群、都市圈中城市连绵地区的重要组成部分，不少已撤县设市、撤县改区，初步具备了比较完整的现代城市职能。而地处农业生产区、远离大城市的县仍担负着重要的农业、农村服务职能和生产组织职能。地处生态保育地区的县更是大多地域偏远，人口较少。此外，还有上百个肩负着捍卫领土安全重要责任的边境县，人口密度已降至每平方公里不足 10 人。

所以，从发展的客观条件和承担的职能看，县域、县城的规模差别、区位差别、功能差别，都决定了我们不能用一把尺子去衡量其发展，只能因地制宜、区别施策。为此，中央也提出"加

快发展大城市周边县城，积极培育专业功能县城，引导人口流出县城转型发展，培育发展特色优势产业"等系列要求。

二、从国家城镇体系的建设看县城发展

我国新型城镇化发展的基本空间格局遵循以下逻辑：到 2050 年全面建成社会主义现代化强国时，19 个城市群将是城镇化人口和功能的主要载体，70% ～ 80% 的城镇化人口和 80% ～ 90% 的城市型经济动力将集中到这一主体功能区。当下，重点任务是强化各级中心城市的核心地位，并以此为支撑，培育一批现代化都市圈，突出空间协同、区域协同、功能协同。在此过程中，既要防止中心城市主城区的"一城独大"，又要充分释放中心城市的聚集效应，实现都市圈内大中小城市的协同发展和市场规律引导下的专业化分工。同时，以都市圈为抓手，在同城化的经济圈层中优先探索城乡融合发展，逐步实现城乡一体化和共同富裕。

从中心城市的强势聚集，到都市圈内中小城市的共同繁荣和覆盖到小城镇和美丽乡村的共同富裕，再到若干个都市圈共同组成更大尺度的城市群，当现代化进程基本完成时，我国将拥有支撑国家战略、充分参与全球事务的 4 ～ 5 个世界级城市群，5 ～ 6 个支撑均衡发展的国家级城市群和 9 ～ 10 个支撑区域发展的城市群，一个覆盖人口最多、经济体量最大、全球独一无二的完备城镇体系最终建成。而地处大城市周边、都市圈内和城市群内的县城也将通过因地制宜、补齐短板弱项，增强综合承载力，成为宜居宜业的小城市或优质城区，在承接农村剩余劳动力、推动生活方式转变中发挥更大作用，成为"小而精、小而美"的城市典范。

三、从产业的垂直分布规律和集群分布规律看县城的发展

规模收益递增是空间经济的本质特征，而规模收益递增的条件是外部性要素的运用和建立不完全竞争市场。过去，我国县城的发展误区之一是盲目模仿大城市发展的模式。与聚集强度相关的规模收益递增效益始终存在，而这种效应催生的产业垂直分布规律和集群规律，仍主导着产业在大中小城市乃至乡村地区的发展，在中小城市中发展大而全的经济体系与这一规律相悖。

我国拥有全世界最整整的产业体系、制造业分类，城市群、都市圈也可以在某个或某几个领域中拥有相对完整的上下游产业链、供应链和价值链，也可以利

用主导产业的带动效应，以伴生、寄生、衍生的方式形成协同的产业集群。以县城的区位和规模而言，其永远是这一垂直体系或集群体系上的一个环节，这也是强调培育专业功能县城的重要原因。至于地处非城市化重点地区以及承载农业生产和生态功能的县城，则更需要从一、二、三产业的大分类出发，找准专业化的定位和职能。例如，在农业现代化的过程中探索一、二、三产业融合发展而形成的新业态，在保护绿水青山中发掘生态产品价值等。

四、正确看待部分县城人口流失问题

与发达国家在工业化和城市化进程接近尾声时均出现的"收缩"现象不同，我国部分县城乃至中等城市出现人口流失，与我国进入生产力要素流动时代，百姓有能力、有条件通过自由流动追求美好生活，户籍制度不断放宽，以及市场主导下的经济格局发生变化等因素息息相关，呈现时段性、结构调整性特征。除个别因资源枯竭而产生的不可逆的人口收缩外，其他大部分常住人口减少的城市正处于转变发展期，旧产业萎缩、新产业正在生长，其在区域发展中的地位正在重构。所以，转型发展是对这类县城和城市更为恰当的定位。对这一现象和特点持乐观态度，主要基于以下三方面原因：

一是我国的消费能力尚处于培育增长时期，物质消费仍有空间，而与精神消费有关的文旅产业尚处于急速扩张阶段。这将催生出更多流动型人口、暂住型人口比重大大高于常住人口的小城市。

二是我国进入老龄化社会，伴随基本公共服务均衡化和特色适老服务专业化，以县城为代表的小城市有可能成为"银发经济"的主场。

三是我国广泛开展的基础设施建设不断缩短全国各地的交通距离，运输成本下降的空间巨大，这将催生基于"价格洼地"（同时也是某种价值高地）的新业态，不断满足日益增长的消费需求。

五、专业化、特色化是差异化发展的关键

越来越多的县域经济和县城建设开始追求"小而精、小而美"的发展路径。"精"更多与专业化有关，精、专且占有大市场的产业可以有效地支撑数万乃至数十万人口级别城市的充分就业。"船小好掉头"的小型化则具备更强的市场韧性，以小

应变、以精求利是众多小县城发展的优势。而"美"则是基于对独特资源禀赋的深度发掘。现代农业之美、生态之美和历史文化之美都是"小而美"的基础；由距离和场所产生的美，更是当前乃至未来的消费大势，这对远离城市群、都市圈，地处农业生产区和生态保育区的县城意义尤为重要。一方面，其迥异于城市的田园风光和生态景观催生了旅游休闲产业的发展动能。另一方面，其独特的农产品和生态产品可以形成独有的专属市场优势。此外，保留其间的历史文化遗存往往是中华文明和差异化地域文明的"母体"，是中国人的精神家园和"乡愁"的寄托，加以利用也会产生巨大的精神消费市场。

总之，因地制宜地推动县域差异化发展是我们未来应长期秉持的发展理念。县城、县域的发展路径应倡导多元化，而非单一模式；发展路径应体现特色化，而非盲从于大城市；发展目标应突出综合性，而非以 GDP 论英雄。

（作者系清华大学中国新型城镇化研究院执行副院长，清华大学建筑学院教授）

农业保险应当如何突破困境

⊙ 王韧　郭晓鸣

　　党的二十大提出，要全面推进乡村振兴，坚持农业农村优先发展，加快建设农业强国。作为完善农业支持保护制度的重要组成部分，农业保险以其独特的风险阻隔和经济补偿功能，在贯彻落实乡村振兴战略的进程中迎来了新的重要发展机遇。截至2021年，我国农业保险保费收入已突破976亿元，同比增长近19.8%，为1.8亿户次农户提供风险保障超4.7万亿元。在稳定农民收入、推动特色产业发展、助力乡村振兴方面取得显著成效。但是，从总体上看我国农业保险服务粗放，违规承保、保障水平不足的矛盾仍显突出，保险产品供给、保险机构服务与建设农业强国和推进乡村振兴的需求相比还有较大差距。如何突破当前困境，通过强化农业保险服务功能和有效管控运行，稳健实现高质量发展，提升其助力乡村全面振兴的质量及效率，是当前需要高度重视和有效解决的紧迫性问题。

一、当前农业保险面临的主要困境

　　农业保险产品供给粗放，服务能力的规范建设尚需加强。当前我国农业保险经营管理仍呈现相对粗放的状态。一是产品粗放。农业保险产品仍然表现为种类少，保障水平单一，财政补贴标准缺乏弹性。二是定价粗放。即使是同一省份各地农业风险也差异巨大，而当前简单"一省一费率"的"一刀切"政策极易引发逆向选择和道德风险。三是承保粗放。由于难以精准确定投保标的的位置、面积和数量，不少地区存在严重多重投保和虚假投保等违规乱象。四是理赔粗放。勘查定损手段落后，效率低、成本高，虚假赔付和协议赔付多有发生，有违保险本质，导致为农民服务的质量和水平不高。

农业保险需求保障不足，"扩面、提标、增品"仍待提升。传统农业保险保障水平较低，仅覆盖直接物化成本。近年来，农村劳动力价格上升、流转土地的租金成本等大幅上涨，导致农业保险赔付额与完全成本的差距拉大，农业保险投保的获得感不强，造成低收入农户投保积极性差，"不愿保"，而新型农业经营主体则认为投保补偿低，"保不够"。此外，我国农业产业正在加速转型升级，集约化和规模化程度越来越高，新型经营主体有很强的资金需求和防范风险需求，农业保险进一步"扩面、提标、增品"，或者直接开展收入保险，是促进新型农业经营主体发展，服务乡村振兴战略的大势所趋。

农业保险经营欠规范，制度顶层设计仍亟待优化。首先，针对当前农业保险经营中的违规违法乱象，政府监管部门缺乏有效的校验监测手段与工具，无法及时检测和管控保险公司违规行为，常常是事后处置，陷入被动。其次，政府监管部门缺乏对保险公司经营、管理与服务水平的评价手段与工具，无法管理农业保险的市场准入和退出，进而致使农业保险市场出现不合理的恶性竞争。再次，政府监管部门对农业保险进一步"提标、扩面、增品"，尤其是针对大灾风险分散机制等顶层制度设计缺乏有效的政策支持。

二、加快我国农业保险转型升级的对策建议

针对当前我国农业保险发展面临的突出问题，当务之急是全面深化改革，加快转型发展，重点通过服务升级、功能升级、技术升级和政策升级，实现农业保险发展质效的高质量突破。

1. 服务升级：创新与保险功能扩大相适应的产品体系，激活保险供给主体内生发展动力。

第一，提升农业保险保障水平。针对传统农业保险产品供给粗放，保障水平较低的现实问题，一方面，继续提高农险承保率，积极推进实施三大主粮完全成本保险和种植收入保险，增强农户从事农业生产的抗风险能力，使农业保险在保障粮食的特殊性、战略性、基础性地位中发挥更加重要的作用；另一方面，扩大农

业保险保障覆盖面，围绕新型设施农业和高标准农田，积极开发推广设施农业保险、耕地地力指数保险、高标准农田保险等，为国家粮食安全织密农业保险"安全网"。

第二，创新农业保险保障内容。探索完善"保险＋期货"模式，保障农业生产经营中的市场及价格风险，实现传统农业保险的产品升级。鼓励因地制宜地选择农业保险的发展模式，开发产量指数、天气指数、价格指数、叶面积指数等多元化的农业保险产品，满足不同区域、不同作物和不同经营主体对农业保险的差异化需求。

第三，完善农业保险风险分散机制。强化农业再保险制度设计，建立符合我国农业生产经营发展现状的农业再保险制度体系，一方面，完善并落实农业保险大灾风险准备金制度，通过稳定可靠的再保险制度实现农村保险持续扩面、增品、提标；另一方面，构建多元化风险分散工具，建立"农业再保险基金""再保险＋大灾基金＋巨灾债券""再保险＋巨灾债券"等，使农业大灾在风险分散体系内实现对冲。

2. 功能升级：打造农村综合金融生态，对接农村乡村振兴的多层次风险保障需求。

第一，推进农村金融体系与农业保险协同惠农。通过匹配不同农业保险的主体需求，延伸农业保险"融资""增信"功能。加强农业保险与融资担保、银行信贷、期货、基金等金融工具联动，全面推进"保险＋"，形成"政银保担基"紧密合作，产业链、供应链、创新链、资本链、政策链多链协同的农村金融服务新机制。提高农户尤其是新型经营主体信用等级，增强农业保险融资功能。对于小规模农户，保险公司可提供一揽子保险产品与特色农业保险配合，提高农户抵御风险能力。对于新型农业经营主体，则应聚焦全产业链保障体系，综合性助推农村优势产业提质发展。

第二，实现农村土地改革与农业保险协同惠农。通过推动"土地履约保证保险"，积极引导农村土地经营权规范有序流转，为农地"三权"分置提供有力保障。探索农产品质量保证（或安全责任）保险，促进产品质量安全管理水平提升，扩大土地流转履约保证保险并健全融资信用保证类保险体系。

第三，促进农村公共服务与农业保险协同惠农。综合保障"善治示范村"建设，提供农村公共管理综合保险。建立耕地保护长效机制，推出耕地地力指数保险。坚持"种养结合"的生态发展理念，建立耕地保护长效机制，保障乡村可持续绿色发展。

3. 技术升级：发展以数字为核心的科技驱动型信息技术，创新高质量农业保险助力乡村振兴。

第一，资源平台化。建立基于农业保险经营的大数据平台，通过与平台数据的资源整合，运用智能科技手段做好农户智能识别与辨认。对当地气候地理条件进行投放分析和决定投放对象及投放项目，根据大数据进行项目管理与风险防范和后期的绩效评估。

第二，理赔精准化。利用遥感监测技术，使灾害评价定量化。使用无人机查勘，让查勘方式多元化，解决传统农业保险查勘定损中存在的定损速度慢、难度大的问题。将人工智能、5G技术等手段应用于农业灾害估损机制和快速理赔机制，提高定损理赔效率，提升农户满意度。

第三，服务扁平化。全面推进移动端、微信小程序等在线服务，着力打造保险公司员工、协保员、相关金融机构工作人员、小农户、新型农业经营主体等服务场景，展开全程式客户运营。构建交互畅通，自采自证，主动触发的服务机制，构建农户全面参与的工具体系，培养农户的保险意识和构建参与体系，构建普惠制与专业服务相结合的农村金融新模式。

第四，技术产业化。通过农业风险数据全面共享，监测数据全面产业化，实现产学研用一体化的农业保险实务的数字再造，以数字农险为核心，建构现代智能农业保险方向，实现决策量化、运作优化、服务公开、体系协同的农业保险转型升级模式，进一步高质量助力农业强国建设和乡村振兴。

4. 政策升级：优化顶层设计和运行机制，推动农业保险政策由"普惠"向"特惠"转变。

第一，顶层设计更加统一。制定统一的农业保险招投标办法，加强对保险机构的规范管理。坚持"政府引导、市场运作"，政府通过创造低成本的政策环境，充分调动市场主体能动作用，发挥政府与市场合力。建立由财政部门牵头，农业农村、林业和保险监管等多部门参与的农业保险工作小组，确定本地区农业保险财政支持政策和重点，统筹推进农业保险的经营监管及绩效评价工作。

第二，运行机制更加规范。在明晰政府与市场边界基础上，完善大灾风险分散机制，增加农业再保险供给。支持保险监管部门继续加大对保险机构资本不实、违法违规甚至骗取财政补贴、虚假承保、虚假理赔等监督检查力度，通过严格监管，规范市场竞争，逐渐实现由行政决策向市场契约转变，由财政救济向保险理赔转变，由政府管理向市场服务转变。

第三，补贴政策更加精准。支持开展新型农业经营主体一揽子综合保险，用于支持区域特色农产品发展，聚焦优势特色产业，实现补贴政策从普惠向特惠转变。积极鼓励和引导农业保险"扩面""提标"，实现补贴对象重点向小农户和新型农业经营主体倾斜，尽快实现保足保全，为支持小农户有效融入现代农业和新型农业经营主体加快成长为农业强国骨干力量提供有效的保障性支持。

（作者单位：王韧，湖南工商大学；郭晓鸣，四川省社会科学院）

中国乡村振兴向何处推进

⊙ 杨华

　　中国已经或即将告别乡土社会，并不代表中国社会没有乡土气质和乡土本色。城镇化是未来中国必须面对的大趋势，农民进城的速度会加快，这意味着中国大部分农村地区要加速衰败，大部分村庄将在未来三五十年内消失。这是我们所有农村政策和农村工作的前提。我七月份刚在苏州调研二十天，即便是像苏南这么发达、被认为城乡一体化程度比较高的地区，青壮年农民也在极速城镇化，留在农村的也多是中老年人。这些地方的农村也面临着衰弱和失去活力的景象，这当然与教育的城镇化有较大关系。

一、激进城镇化政策贻害无穷

　　中国农村人口的城镇化仍需要一个较长的时间段，在这个时间段内，城乡共荣共生就将是一个常态现象。一方面，城市对农村的吸附力会进一步加强，越来越多的农村人口主动进城并适应城市生活，享受城市公共服务；另一方面，无论是农村社会，还是农村家庭，都不可能一下子全部人口进城，而是一部分人口进城，一部分人口准备进城，一部分人口生活在乡村，一部分人口进城失败或年老后返回农村，尽管总体上农村人口在快速减少，但是利益关系和社会关系主要在农村的人仍会保留一定数量。那么，城乡在人员、资源、信息的交流和交换上互动就比较频繁，形成你中有我、我中有你的形态，相互影响，相互形塑。那么，农村政策就要为还需要在农村生活的农民提供服务，为未来还可能回到农村生活的农民保证后路。但是，在中西部许多地方却出现了激进城镇化，正在阻断农民回村的"后路"。

根据调查，当前县乡激进城镇化主要表现在以下几个方面：一是收紧农村宅基地政策，有的地方不顾"一户一宅"政策原则，不再给政策范围内有需求的农民批宅基地，逼迫农民进城买房。二是施行拆村并居政策，逼农民"上楼"。三是在县城大搞"教育新城"，弱化乡镇学校教育，迫使农民不得不到"新城"买房，以给子女提供更好的教育。有的地方还把优质的乡镇中学直接搬至县城，以推动县城房地产开发。

激进城镇化政策使农民被迫进城，而不是有能力者进城的自然城镇化，会带来诸多政治社会后果，如增大农民支出压力、农村被提前掏空、降低生育率、县城房产空置率高等，而最大的问题是：使进城农民不再能回得去农村。无论是农民工家庭，还是在城镇落户的农民家庭，只要在城镇购置了房产，就会有每月还贷的压力，他们就得获得稳定、持续的收入。在外部经济条件好的时候，他们还可以通过务工经商的收入来还房贷，但是一旦就业不行，务工经商的收入不稳定，他们就会陷入金融风险之中。因为有还贷压力，即便在城镇没有务工经商机会，他们也得待在城镇寻找机会，而不是返回乡村等待时机。在疫情期间，农村许多年轻人因为工作不好找或工地工资不好结，他们只能向亲朋借钱或用信用卡还房贷，用信用卡还房贷因为利滚利使他们陷入更大还贷压力之中。激进城镇化使进城农民不再能回得去农村，严重削弱了农村作为我国"三化"建设的稳定器和蓄水池的功能。

二、将农村建设成稳固的大后方

农村是中国解决工业化、城镇化、现代化所产生的危机的战略大后方。西方发达国家可以将经济和社会危机转嫁给殖民地或第三世界国家，中国没有这种转嫁的价值观和可能性，因此只能自己消化。广阔的乡村社会给予了中国这台庞大的现代化机器能够自由腾挪的空间。简单讲就是，城市出现危机了，农民工失业了，回到农村去有住有吃有社会关系网络。他们就不会聚集在城市，成为城市秩序的破坏者，也不会成为需要国家救济的对象，等到国家形势好转，城市就业机会增加，他们还可以再次外出。当然农村也是建设、消费的重要场域。另外，乡村是出生率比较高的地区，多数农村地区年轻人还有生育二胎的观念，南方农村的生育意愿更强。笔者八月份在湖南农村调查,这里的年轻人竟普遍生育二到四个小孩,县城年轻公职人员家庭也普遍生育两个小孩。以乡村为底色的县域社会是未来我国的生育高地,因而依然是我国劳动力的蓄水池。

一直以来地市以上城市和东部经济发展带是我国经济和科技的增长极,而农村则扮演着稳定器和蓄水池的功能。未来三十年,农村要继续成为我国"三化"的大后方,最关键是要做到以下几点:

一是基本制度及政策保持不变。特别是要保持以联产承包责任制为基础的土地制度不变,这是确保农村经济社会稳定的基础,为农民快速、稳定、顺利进城提供保障和解决后顾之忧,同时也为农民进城失败后还能返回农村生活创造条件。除城市郊区的土地外,大部分农村土地价值不高,只有生产资料功能,没有财产属性功能,因此,在土地制度上要保持简洁和稳定,不要认为所有土地都能够长黄金,不企图通过折腾土地制度来实现农村发展和农民富裕。

二是千万不要折腾农村。农村不是增长极,是彻彻底底的萎缩地带,资源投入保基本就行,不需要将农村建设得像城市一样"高大上""强富美",否则就会带来巨额资源的浪费和对农村的折腾。当前许多地方竞相打造的乡村振兴"示范点""示范带"以及"示范区",一个地方比一个地方"豪华",但是除了应付上级检查和凸显政绩外,既没人享用,又没钱维护,很快就会变成废铜烂铁、断壁残垣。对农村除保基本之外的投入大多会激发农民的等靠要思想和农民对资源的争夺,以及对农民的折腾,典型的如乡村环境整治的过度化、农村垃圾分类、污水处理等政策,结果是国家资源下乡了,带回来的是农民对党和政府的离心离德,以及农民散沙化程度提高。

三是实现小农户与现代农业的衔接发展。农业是弱质产业,也是风险特别大的产业,需要政府支持和鼓励,但是要把握边界、有的放矢。要把握的基本点是各级组织不能直接介入农业产业生产和销售领域,更不能直接搞产业发展,要让各市场主体在市场中充分竞争。农业政策的关键是要通过基层组织为小农提供基本的社会化服务,而不是让基层组织去搞农业产业化。在产前,要给予基础设施供给。农业基础设施的提供是一家一户提供不了或提供起来不经济的,需要基层组织予以提供。我们调查的经验是,凡是农业水路电搞得好的地方,农业经济就相对繁荣、发达,典型的如山东农业发展,前提在于集体经济提供了较好的基础设施,方便了农业生产、节省了农业成本,所以在全国有竞争力。在生产中,要将农民组织起来,提供统一的技术服务。农户自行购买服务会因为成本高而不购买,就会使得现代农业技术无法与小农户对接，如果由镇村将小农户组织起来统一购买，就会有规模效益，推动现代农业技术与小农户及时有效衔接。

一个普遍问题是，在精准扶贫中通过政策扶持、用于集体经济消薄和贫困户脱贫的农业产业项目，每一个几十万、数百万地投入，到目前为止，基本上没有存活的，造成了大量的财政资金的浪费。国家相关部门应该对各级乡村振兴局即之前的扶贫办，就农业产业扶贫进行专项督查。

四是要重视在乡农民。农村要发挥稳定器和蓄水池的功能，关键在"在乡农民"。过去我们讨论农民问题，没有区别在乡与否，而是笼统地以户籍在村为依据来判别农民与市民。事实上，无论是我国涉农政策的主要对象，还是农村建设的主力军和享受者，都是"在乡农民"。在乡农民的政治社会态度决定了农民整体的政治社会态度，在乡农民与基层党委政府的关系决定了农民整体与基层党委政府的关系。可以说，在乡农民是农村政治社会稳定和中国"三化"建设的压舱石。

在乡农民与不在乡农民最根本的区别有两点：一是与体制的关系。在乡农民是当前涉农制度和政策的最主要受益者，也是农村改革和建设红利的享有者，还是十数个"一号文件"的指向者。他们不是体制内人员，但他们享受着较高的政治待遇，是体制的最亲密者。农民工群体与已进城农民都不享受在乡农民的这个政治待遇。二是与农村的关系。在乡农民的主要利益关系和主要社会关系在农村，在农村有感情和利益连接，希望将农村建设好、维护好，也有动力参与农村社会建设，他们是乡村振兴和美丽乡村的最主要的主体；在农村生活比较长，熟悉农村的情况，他们中的青壮年或中年群体是村组干部的担任者。与其对比的是，农民工和进城农民的主要利益关系和主要社会关系在村外，对村庄利益和建设不敏感、也不太关心。将在乡农民从笼统的农民概念中抽离出来，既有利于更好地认识农村，把握农村发展方向，也可以更好地瞄准涉农政策的对象，增强政策精准度。

总之，省市县乡村五级组织不要企图在乡村搞政绩，不要去折腾农村、折腾农民。对农村治理的战略要点应该是"无为而治"：保持制度及基本政策稳定；资源投入保基本公共服务；将在乡农民组织动员起来；出了问题解决问题，不出问题不折腾。

三、乡村振兴到底应该怎么推进

对于认识和实施乡村振兴，要把握以下几点：

第一，要意识到乡村振兴是重大政治，不是具体政策。乡村振兴作为重大政治，是国家战略，意思就是农业、农村、农民构成的"三农"问题很重要，从中央到地方都要予以重视，我们不能只顾城市一头，而不顾农村另一头。两头都很重要，两头的功能定位完全不同，城市是发展极和增长极，农村是稳定器和蓄水池，不能偏废任何一头。这就是各级党政领导应该有的政治站位和政治认识。但是，政治要转化为政策，还有很长的路要走，如果直接将政治作为政策实施下去，不仅达不到目的，还可能南辕北辙，适得其反。乡村振兴战略如果不做政策转亿，直接落实下去就会变成美丽乡村、变成环境整治、变成垃圾分类、变成不能养鸡养鸭、变成房前屋后不能晾衣晒被堆放柴火，搞成示范点、示范带、示范区，完全不顾实际、不顾需求、不顾阶段。

有的地方的乡村振兴落地措施简直就是反常识，例如：没几个人住的村落也大搞污水处理、搞雨污分流，完全不顾一个污水处理厂每年的运行经费要上百万元。多这上百万元，一个乡镇政府的日子完全可以过得很舒服；厕所革命要求在厕所里搞花样，不搞花样、不创新还验收不了；多少年没人住的院落翻墙进去也要给它整理得干净整洁，也要把它的厕所改造好，改造好了没人用也不行，需要有人经常翻墙进去冲冲水。重视农村是政治，但重视农村不等于无脑地向农村投入巨额的资源，打造一些无效的景观，做一些无效的工作。

第二，要树立农村所有的工作都是乡村振兴的工作的意识。大部分农村地区，包括东部沿海农村的工作，其实并不复杂，主要都是基础性的群众工作，比如组织动员群众、服务群众、矛盾纠纷调解等。这些工作也都是乡村振兴的范畴。各级党政领导习惯于把乡村振兴简单理解为产业振兴、环境整治、搞厕所革命、搞项目建设、搞形式主义等，认为只有做这些工作才是乡村振兴，而不把细小琐碎的群众工作当做乡村振兴的工作。

当前大部分农村地区的水路电等基础设施都已经较为完善，再锦上添花只能是浪费，完全没有必要，因此后面要做的就是对这些设施进行维护，为在村的农民群众提供包括医疗、教育、养老以及农业社会化服务在内的公共服务，以及解决群众之间的矛盾纠纷。做这些工作才是真正的"重视乡村"，才是真正的乡村振兴。现在的问题是，每个村支书都想给村里搞个大项目，以为这样才是乡村振兴；每个乡镇党委书记都想把本乡镇纳入全县的乡村振兴示范带范畴，以为如此才是乡村振兴；每个县委书记都在琢磨，人家搞了乡村振兴示范带，我就要搞乡村振兴示范区，还要请专业队伍来设计和运营，这才是重视乡村振兴、真抓乡村振兴。要记住：五级书记抓乡村振兴，不等于五级书记可以瞎搞、乱搞、胡搞，重视农村不等于可以浪费资源、折腾农村。

第三，乡村产业发展偏离方向。笔者调查了解到，精准扶贫中搞的产业扶贫，几年下来就没有一个成功的。乡村振兴也搞农业产业振兴，最终也会是同样的命运。在农村搞农业产业是注定要失败的，村支书知道这个道理，乡镇党委书记、县委书记也知道，但是为什么他们还要几十万、几百万地往里投：这是政治，必须做；没人监管资源投入的效益，资金使用只要合法就没风险；农业产业项目也是项目，投入下去了就变成了固定资产投资，变成可考核的数据，何乐而不为；项目建设了，项目资金流入了某些人手中，对于这些人来说，项目越多、越大越好，至于产不产生效益不是他们管的事情。例如：某贫困村跑了一个国家产业扶贫项目，资金500万元，建设了茶叶加工厂，希望出租出去，每年能给村集体增加收入10万元。但是三年过去了，没有老板来租，厂房很快破旧，再过几年可能就会倒塌，500万元打水漂。如果这500万元给村里，每年给10万作为集体经济收入，可以给50年。但是集体经济发展的政策是必须是经营性收入，不能直接给钱，所以500万元要投资搞经营。一搞经营，钱就没了。产业扶贫、产业振兴，到处都是这种案例。

第四，集体经济发展对经营性收入不应做硬性要求。集体经济非常重要，村级有自主支配的经费，可以发挥村级民主，组织动员群众解决村里许多细小琐碎的问题，为村民提供及时的服务。有集体经济，农民群众对村级组织的向心力、凝聚力和认同感会更强。因此，从中央到地方，都非常重视集体经济发展，把发展集体经济上升为政治任务，纳入综合考核，成为基层重要的工作任务。上级组织部门不仅给下级发展集体经济的具体数量，还每年都有增长指标。中部某省委组织部2023年给村级组织下达的集体经济发展任务是15万元，比上一年增加5万元。

从调查来看，当前集体经济发展无非以下模式：

一是地租模式。就是村集体有预留地或出租商铺、厂房、山林等，通过出租获取稳定的地租收入。在中西部地区，预留地、商铺和厂房都不存在，或极少数村有；在珠三角地区主要是出租厂房获取巨额集体收入用于农民股份分红；在苏南地区一些村庄还有没被拆除的厂房出租，获取每年数十万到数百万不等的租金收入。浙江和江苏有些地方，直接在县城盖一些写字楼，分配给各村用于出租，出租收入作为集体经济收入。一些中西部地区通过给村里项目建厂房出租。

二是让利模式。在江苏、浙江一些地方，由县乡政府出钱成立类似"强村公司"

之类的投资公司，向县"城投""交投"等国有企业注入资金，每年给予村里固定分红。在江苏某些地方，由村里购买大型机械设备，出租给"永远不会垮掉"的国有公司获取稳定的租金收入。这些集体经济收入模式事实上是在政府的协调下，国有部门对村集体的让利。

三是第三方模式。通过第三方，可以是公司、合作社，也可以是个人，先打一笔钱到村集体账户，村集体再通过其他渠道将钱转给第三方。这一过手，村集体就可以向上面交差应付考核了。这是大部分中西部地区发展集体经济的基本"模式"。

四是经营模式。村集体搞经营，盈利了算谁的？亏了算谁的？这是通过经营发展集体经济的困境。如果村干部自己有本事搞经营赚钱，为什么他们自己不去搞经营？市场经营主体整天想着怎么赚钱，都还有亏本的风险，村干部整天要应付上级检查和各类形式主义，他们去搞经营还没有风险？所以，实践中，真正搞经营存活下来的村集体经济是凤毛麟角，亏本、负债、浪费是一般规律现象。

（作者系武汉大学社会学院教授）

农民家庭债务化问题的潜在风险与应对

⊙ 刘燕舞　王晓慧

最近一年来在农村实地调查发现：以婚姻消费驱动和教育消费驱动而大量透支农民家庭收入和高额银行负债在城市购房为特征的农民家庭债务化问题越来越突出。在此前经济下行压力加大、农民充分就业隐患突出的背景下，农民家庭债务化问题所引发的潜在风险未来有被引爆的可能，在当前部分城市地区出现断供停贷并有可能蔓延的情况下，为防止风险可能在农村被引爆，从而造成城乡金融风险同频共振，酿成更加难以控制的局面，亟须引起有关方面高度重视，并做好提前应对的预案。

一、农民家庭债务化问题的突出特征

农民家庭债务化问题主要存在以下五大突出特征。第一，除极少数富裕农户属于自主进城买房外，绝大部分中等收入农户群体购房都是迫于子女教育或婚姻消费两者的驱动。第二，农民家庭债务化问题是全国性的普遍性问题，无论是东部还是中西部地区农村，农户尤其是中等收入水平的农户均深度卷入以房地产为主撬动的金融系统中，且有愈演愈烈之势。第三，支撑农民家庭债务化成为可能的微观结构是，改革开放以前出生的父代与改革开放以后出生的子代两代人的代际合力。一般模式是，父代掏空毕生积蓄帮子代付首付，子代则将未来二三十年的日常开支以外的剩余收入还银行贷款，必要时还需父代继续辛苦劳作与子代合力还银行贷款。简言之，一套城区商品房，几乎可以掏空农民家庭两代人合起来几十年的收入，并大幅挤压农民在其他日常生活领域的消费。第四，绝大部分中等收入农户群体购房户中，在维持相对体面的日常生活所需要的支出外，还掉银行按揭贷款后，父子两代的家庭户收入都处于紧平衡状态，应对额外风险的能力十分脆弱，从外表看，他们属于在城市购房的"殷实家庭"，从内在看，他们绝大部分恰恰属于"脆弱家庭"。第五，农户家庭因之变成了大多属于他们戏言的"两栖"或"三栖""动物家庭"。对于东部地区农民来说，他们"两栖"于村庄和城市商品房之间，而对于中西部地区的农民来说，他们则"三栖"于"村庄老家""老家县城"以及支撑他们在老家县城购房、生活需要而不得不外出务工的"务工地"。

二、农民家庭债务化问题的潜在风险

以代际合力为基础的家庭应对风险的紧平衡状态极易被打破，这种高度不确定的风险重塑了农民心理，为农民的生产生活带来了极大的焦虑，这种负重前行的不确定感不利于他们在乡村振兴中轻装上阵。

除少部分富裕农民投资购房具有较强的风险管控经验以及承担风险的能力外，其他中等收入群体农民家庭的购房都是家庭经济紧平衡的产物。因此，农民家庭债务化问题深度改变了农民心理，他们中很大部分处于高度焦虑和不安中，对未来较为惶恐。例如，他们特别担忧失业导致没有现金收入，或家庭成员出现意外变故而需要大量支出时打破紧平衡状态而陷入被动。农民形象地说，以前如果失业，回到家里只是多双筷子多只碗，应付几个月没有问题，现在如果失业回家就会愁容满面，因为"屁股"上还"挂"了银行的债，一旦没有现金流还贷款就会被纳入失信系统，以致寸步难行，因而总是感觉到惴惴不安。一位购房农民说，每到月底要从他银行卡上划拨还贷时，他提前几天就开始紧张起来，生怕钱没存够，这让他极其焦虑。

而从代际合力的角度来说，一方面，改革开放以前出生的父代客观上已经在陆续老去，他们不仅陆续在就业市场上退出，并且随着因年龄增长而出现的身体机体的自然衰退，他们越来越成为家庭客观上的"负担"。这表明，他们不仅再难以通过代际合力模式支撑农民家庭债务化的持续，而且他们还会很快地成为这一模式中"塌掉"的一端而成为这一模式破裂的口子。

另一方面，对于子代来说，他们平时大手大脚以负债的方式高消费的习惯已经养成，短期内要缩小基本开支比较困难。他们中的部分人，不仅有房贷，甚至还有车贷，以及每月用形式各样的网络贷款等支付日常消费。一位年轻妈妈说，她公公因在工地受伤去世后，因为家庭经济收入减掉了原本公公在世时能挣的一半，她的二胎小孩不得不选择"母乳"喂养以"减少开支"，而不像一胎小孩那样因为家庭经济条件相对宽裕而选择"奶粉"喂养以"解放她自己"。显然，相对于仅靠控制自身身体就能减少家庭开支的做法，对于那些无法控制如购房债务偿还的情况而言，这些家庭很可能会因代际之间的任何一端的变故而遭遇债务偿还危机。目前来说，对于子代最大的危机是可能会"失业"的焦虑。

农民家庭债务化若叠加宏观经济潜在下行压力风险与人口结构改变压力时，就可能难以持续，由此就有可能会引发农村金融风险。一旦以县域为主而爆发农村金融风险并叠加城市金融风险时，有关部门将来应对危机的回旋空间也会因此而被大幅度限缩。地方经济社会发展亦可能会因此而快速丧失活力，农村各阶层亦有快速陷入躺平陷阱中的风险。

某次在东部地区某省农村调查，一个直观感觉是，当地因为近几年来快速的脱实向虚的发展，导致市区或集镇街面上往日的繁华不再，代之以一种难以言说的萧条感。课题组成员晚上特地在当地部分城区东西两侧公路及附近几条街道观察，不少楼盘仅亮两三户灯，且公路和街面上车少人少，这说明当地楼盘空置率有可能已经比较严重。据当地人估计，当前及未来很长一段时期内，当地总人口将维持在72万至80万之间，按这一人口规模估算，已经建好的楼盘将能满足当地未来一二十年的购房需求。这进一步说明，从总量角度看当地房地产供应量似已达到了峰值，目前大体处于停滞和维持阶段，如果继续新建楼盘，只会使这一局面更加严重，楼市供给远甚于需求的失衡状态也势必会继续加速。东部地区尚且如此，中西部地区农村县城则更让人忧虑。

从长远的人口结构发展来看，具有买房能力的1950—1979年间出生的人，基本已买房。他们的房产不仅可以为80后、90后、00后乃至2010后继承从而进一步大幅限缩购房需求外，对于那些没有买房的1980年以后出生的人来说，以他们目前每月4000元左右的工资收入，在当下和未来不仅无法奢望购买商品房，甚至连基本的生活开支都会捉襟见肘。

也就是说，从人口结构的演变来看，当前能买房的已经买了，已经买了的可以继承给下一代了，没买的几乎买不起了，县域房地产市场不可避免地会陷入疲软或停滞状态。已经买房的和没有买房的都陷入一种莫名的焦虑和怨气中，长此以往，不仅会使地方经济社会发展快速丧失活力，而且也存在严重的社会稳定隐患。

正是在上述这些情境下，当前农村家庭的画像是，上层农民家庭不动而安于现状，中层农民家庭负债而跌入陷阱，下层农民家庭躺平以退出发展。一些经济处于中上层的农民家庭反映，现在根本不敢投入任何资本以推进发展，以前投入的钱可以生钱，现在投进的钱莫名其妙就被套牢看不见了。在一些东部地区农村，中层农民家庭普遍有陷入"共同负债"的风险，约40%～50%的中层农民家庭户均负债几十万甚至上百万。下层农民家庭怨气很大，大多数在我们访谈时都是"两手一摊"："这么高的房价，这么重的消费，这么低的工资，这么卷的教育，只能混吃等死。"在世代观感上，60后在撒手，70后在挣扎，80后想躺平，90后则越来越颓废。

从底线思维来看，不论是将来宏观经济有可能遭遇不可预料的突发变故而陷入下行压力从而导致农民家庭的失业，还是农民家庭自身代际两端的父代或子代任一代出现意外，都可能会使得农民家庭债务化的模式不可持续而断裂。一旦出现此类情况，这意味着大量中等收入农民家庭会陷入破产，由此而引发的是大量农民家庭的断供断贷，从而倒逼县域内银行发生金融风险。如果未能妥善加以应对，同时与城市金融风险产生同频共振的话，对国家来说，形势将会变得棘手，回旋空间会被压缩，稍有不慎，即可能引发更大层面的风险。

三、应对农民家庭债务化问题的建议

依靠房地产撬动，通过教育和婚姻两大杠杆驱动农民进城，以代际合力为基础花光两代人前二三十年的积蓄并让农民未来二三十年陷入对银行的高额负债的农民家庭债务化问题，短期内还会持续，但最终有可能是会崩溃的。一旦崩溃，其结果是，不仅将使广大中等收入农民家庭群体彻底破产，也会引发以县域为主的农村金融风险。为妥善应对这一问题，课题组特提出以下政策建议。

当务之急是，有关部门应尽速摸清农民进城购房底数，提前做好底线准备，做到心中有数。可以运用大数据技术，以父母与子女两代的家庭户为单位，清查农民购房底数，特别是运用银行、房管、就业、教育、卫生与户籍登记的数据，全面摸排农民进城购房情况，掌握其两代人主要收入和支出的构成状况及流动情况，充分掌握和评估农民还贷的能力与风险。在风险方面，主要排查父代的身体健康状况与子代的就业情况和孙代的受教育情况。对于家庭户收入与月供数字比值处于 3 以内的，应将其纳入监测范围，例如，月供在 4000 元，家庭户月收入在 12000 元以内的，就应纳入监测范围，因为这说明家庭抗风险能力较差，家庭脆弱性较大，依次类推。同理，对于父代或所有家庭成员中有疾病支出或孙代有较多的教育支出的，如果支出与收入构成处于紧平衡状态，甚或入不敷出的负平衡状态的，亦应将相关家庭纳入监测范围。

秉持底线思维出发，应尽一切可能保最低限度的就业，对于收支处于紧平衡状态的农村家庭户，还应随时注意大病救助和意外事故的临时救助工作，确保平衡状态被不可避免地打破后，购房家庭户仍有适当缓冲时间应对偿付危机。就业是最大民生。只要有就业，就能确保农民家庭有一定的现金流。只要农民有一定的现金流，就能不同程度地承担偿付银行贷款的能力，就能以时间换空间。

课题组在 2008 年全球金融危机时，深入农村实地调查了解过农民工失业返乡后的生存和生活状况，在那时，失业返乡的农民工对于农民家庭来说，就是"多了双筷子"而已，当时的农村至少可以为失业返乡的农民工提供至少半年以上的缓冲时间，从而为农村化解城市危机赢得了广阔的空间，进而使得当时的农村不仅成为城市发展的稳定器和大后方，还能成为城市应对风险的缓冲器，从而可以最大限度地避免出现城乡风险同频共振的危局。时至今日，情况已今非昔比。如课题组前文所述，对于那些在城市购买商品房并每月需要还银行 4000 元左右贷款的农民家庭来说，一旦失业，他们回到农村再也不是"多了双筷子"，而是"屁股"上挂着银行的债务。监测农民就业的重点群体无疑是改革开放以后出生的子代群体。

从另外的角度来说，对于改革开放以前出生的父代群体而言，除了适度监测其就业状况和现金流的获得情况外，更重要的是监测其因年龄增长而自然而然出现的各种机体衰退而带来的严重疾病，尤其是大病。一旦父代群体患有大病，不仅意味着他们在代际合力的结构中丧失了提供合力的一面，而且还会因为剧增的医疗支出，而成为代际合力结构中的巨大负担，进一步使得银行贷款偿付产生巨大困难。

无论是就业还是类似于大病的家庭意外事故，一旦出现，农民家庭偿还银行房贷的能力降低将不以人的意志为转移。到那时，一切法律制度都会显得苍白和乏力，农村社会将不可避免地陷入风险乃至危机。农村中等收入家庭群体因此而造成的破产和农村底层群体本来就有的"躺平"，将会使得中国乡村振兴彻底失去坚实的阶层基础。农村将因此而陷入危局。这将严重影响中国农村的现代化乃至中华民族伟大复兴。

对此，应有底线思维，最低的应对办法是，对于那些确因宏观经济下行而导致的失业或天灾人祸带来的家庭困境，应该有最低限度的"兜底"思维和能力。所"兜"之"底"：一是，乎上来说，应运用立法或政策，为有相应情况的农户提供缓供应对时间以赢得空间；二是，乎中而言，应尝试制定和出台相应的"贴息"政策；三是，乎下而言，应允许农民探索小额无息信贷的互助金融模式，以应对短期内的银行还贷征信风险问题。具体来说，按照普遍的月供 4000 元左右，可以允许甚至鼓励农民按 12 户左右的规模按每户 4000～6000 元的标准进行小额集资，用集资形成的小额金融无息信贷的方式为有需要偿还银行购房贷款的农户提供滚动支持。

（作者刘燕舞，湖南平江人，武汉大学社会学院教授、博士生导师；王晓慧，湖南宁乡人，华中农业大学马克思主义学院副教授）

现代农业供应链：农业强国建设的重要任务

⊙ 陆福兴

现代农业供应链是农业现代化的重要支撑，是国家粮食安全和主要农产品供给保障的前提。建设农业强国的核心要求是农业供给能力强，农业供给能力强的重要前提是农业供应链高效完善。习近平总书记强调，要"着力打造自主可控、安全可靠的产业链、供应链"。党的二十大指出，要"着力提升产业链供应链韧性和安全水平"。从国际发展趋势来看，农业供应链建设日益受到各国政府的普遍关注。为此，推进现代农业供应链建设，是当前我国建设农业强国的重要任务。

一、农业农村现代化需要现代农业供应链支撑

供应链节省成本、透明信息、可以确保质量安全和供给侧与需求侧的有机对接，是农产品实现价值满足需求的根本保障。现代农业供应链既优化了农业生产本身的物流配置，又协调了农业产前、产后物流互动，达到供、产、运、加、销有机衔接，使农业产前、产中、产后与市场联结并与消费者贯通。建设农业强国，没有现代化的农业供应链支撑，就不能达到供给能力强的农业强国要求。

现代农业供应链提升国家粮食安全和农产品供给保障能力。农业强国的首要任务是农产品供给能力强，充分保障供给与需求的有机对接。农产品不像工业产品集中在工厂而是分散在各农户的田间地头，我国是小农户分散经营占主要成分的农业大国，农

产品集中度不高，农产品的供应链不发达，生产和消费之间对接不紧密甚至脱节。因此，实现国家粮食安全和重要农产品保障供给，提高农业供给能力，必须加快建设现代农业供应链体系，推进农业生产与消费之间的有效对接。

现代农业供应链是降低销售成本、提高消费水平的重要保障。供应链在促进降本增效、供需匹配和产业升级中的作用十分明显，同时供应链也降低了消费者寻找商品、辨别真伪、识别质量等交易成本，进而降低了消费者成本，提高了社会的消费水平。农产品由于其保鲜保质的要求高，不像其他工业品一样可以无限期储藏，即使科学冷藏也有一定的保质期。因此，农产品对供应链的要求更严格，需要有顺畅的供应链，以减少农产品在各个环节的价值损失，降低收储运输成本；消费者也需要农产品供应链提供诸多消费便利，降低消费者商品交易成本。因此，现代农业供应链是降低销售成本和提高消费水平的重要保障。

现代农业供应链是提升农产品现实竞争力的主要抓手。现代农业竞争很大程度上是供应链的竞争，没有供应链，农业就是一盘散沙没有市场竞争力。当前，我国许多农产品的生产者是单个的小农户，单个小农户规模小、能力弱、市场能力差，品牌推销和保护的能力弱小，没有竞争优势，小农户只有加入供应链和核心企业联盟，形成完善的农产品供应链，才能在市场上与其他农产品进行竞争，取得竞争优势。因此，农产品的竞争，很大程度上是供应链的竞争，抓供应链建设就是抓竞争力提升。

二、农业强国建设中我国现代农业供应链面临的挑战

在计划经济体制下，我国农产品供应实行政府垄断，计划供应，阻碍了供应链的市场化发展。当前，我国农业市场现代化转型比较缓慢，农产品供应链现代化程度不高，现代农业供应链适应农业强国建设还存在众多挑战：

一是农产品供应链主体服务能力不强。当前，我国农产品供应链尽管主体众多，但社会服务能力不强，没有建立起完善的农产品供应社会化服务主体体系。一方面，现有的供应链主体一般是农业企业、农业基地等独自建立的供应链，其主要是为企业自身或农业基地专门服务，各供应链主体之间协调性差，供应链独自运行成本高。如有些乡村农产品在产地很便宜，但是，一经过供应链到超市或市场其价格就成倍增长，造成农产品供应成本过高，直接影响消费者的消费。另一方面，大多数小农户农产品还没有专门的供应链。我国小农户农产品还是采取自营方式，

依靠传统的销售手段销售。例如，有些小农户的农产品尽管品质优良，深受消费者喜爱，但是，作为单个的农户来说，只能在小型集市或是自己本地域的小圈子去实现价值，影响了农产品的供应和农民增收。

二是供应链数字化、智能化程度低。我国现有农产品供应链企业大多以中小企业为主，盈利能力较弱，经营模式多为自建自用，没有形成区域化、连锁化、规模化的服务网络，难以提供市场需求的全程综合性供应链服务，其主要原因是供应链的数字化、智能化程度低。例如，我国大多数农产品流通市场在初建时受设计、经济环境和年代所限，基础设施较落后，区域性产地市场的流通设施与流通能力滞后于当前数字化发展的需要，有些农产品供应链缺少电子交易结算、公共信息服务平台、大数据中心等数字设施。农产品网上交易、实时配送、连锁生鲜超市等流通新业态发展还不适应农业现代化的需求。

三是农业供应链生态环境差缺乏全球布局。当前，农产品供应链的现代农业研发设计、信息咨询、检测认证、会计、法律、物流等生产性服务业发展，还没有形成互促互进的产业供应链生态，阻碍了各类要素资源在农产品供应链上的高效链接、顺畅流转，亟待提升农产品全链条效率。同时，农产品市场开拓、供需匹配、资源整合能力不足，农产品供应链亟待加强"走出去"的配套能力建设，建设农业强国亟须提升农产品全球供应链布局水平。

四是现代农业供应链质量不适应农业强国要求。现阶段，我国农产品的供应形式单一，一般农产品采用"农户—产地批发市场—农产品运输商—销地批发市场—农贸市场或超市"的供应链模式，农产品需求与供给的信息单向流动，生产者与消费者之间信息不对称。同时，这种模式的中间环节多、链条长、成本高，各环节之间难统一协调，无法适应农业强国高质量发展的要求。此外，当前普遍存在农产品供应链物流匹配不上、冷链建设滞后、保鲜保质能力差、淡季无产品的现象。这些问题的存在，与农业强国建设的要求严重滞后。

五是现代农业供应链主体之间利益分配不合理。有些农产品尽管经过长期的发展形成了较好的供应链，但供应链的各环节之间存在链接不协调、利益分配不公平、各自为政、互相拆台、隐瞒信息等问题，导致整个供应链各部分之间不能发挥整体作用，甚至因为利益分配不均而发生供应链断裂等问题。这种供应链各环节不协调造成的供应不畅通，各自为保护自己的小利益而不顾供应链的共同利益的问题，导致了供应链成本提升和农产品价值实现受阻，不能发挥供应链共享与多赢的功能。

三、加快建设适应农业强国需求的现代农业供应链体系

适应农业强国需求的现代农业供应链建设是一个循序渐进的过程，也是一项复杂的系统工程。当前，建设现代农业供应链体系应从如下几个方面着力。

1. 创新农业供应链组织体系建设。

鼓励家庭农场、农民合作社、农业龙头企业、农业社会化服务组织等新型农业经营主体，加强合作与联合，建立集农产品生产、加工、流通和服务等于一体的农业供应链体系，发展种养加、产供销、内外贸一体化的现代农业供应链。鼓励承包农户采用土地流转、股份合作、农业生产托管等方式融入农业供应链体系，完善利益联结机制，促进多种形式的农业适度规模经营与产业融合发展，把农业生产经营主体引入现代农业供应链体系。

2. 提高现代农业供应链数智化水平。

加快农产品供应链的物联网、大数据、云计算、区块链等数字技术应用，推动建设农业供应链数智化平台，加快农业生产经营各环节的大数据集成，推进政策、市场、科技、金融、保险等数智化共享服务，完善现代农业供应链平台服务体系。鼓励发展农业生产性数字化服务业，开拓农业供应链金融数智化服务。支持建立农户与消费者面对面的数智化供应链体系。

3. 提高农业供应链质量安全追溯能力。

基于供应链建立农产品质量安全追溯机制，对粮食、肉类、蔬菜、水果、水产品、中药材等食用农产品，以及农产品加工出来的日常食品和主要农业生产资料等，将供应链上下游企业全部纳入追溯体系，构建来源可查、去向可追、责任可究的全链条可追溯体系。利用新媒体、数字技术等构建稳定的产销对接供应机制，加快建设畅通高效、贯通城乡、安全规范的农产品现代供应体系，确保农产品供应链安全可追索、可溯源。

4. 加快农产品公益性批发市场提质改造。

加快公益性农产品批发市场改造，完善市场公共设施，改善环境卫生条件。加快完善公益市场的检验检测、产品溯源等设施设备。开展公益市场信息化和智

能化改造，推动实施电子结算，加强买卖双方经营和交易信息登记管理，促进人、车、货可视化、数字化管理。支持农产品流通企业建设规模适度的预冷、贮藏保鲜等设施，加快节能型冷藏设施应用。增强产地商品化处理和错峰销售能力，提高产地移动型、共享型商品化处理设施利用率。

5. 构建完善的全球现代农业供应链体系。

推动国际产能和装备制造供应链合作，加快推进与"一带一路"沿线国家互联互通，着力建设边境经济合作区、跨境经济合作区、境外经贸合作区，鼓励企业深化对外投资合作，设立境外分销和服务网络、物流配送中心、海外仓储等，支持企业建立重要资源和产品全球供应链风险预警系统，利用两个市场两种资源，提高农业全球供应链风险管理水平。制定和实施国家供应链安全计划，建立全球供应链风险预警评价指标体系，完善全球供应链风险预警机制，提升全球供应链风险防控能力。

四、加快现农业供应链建设的对策措施

现代农业供应链是农业价值实现的重要保障，也是实现农民增收的重要途径。当前，加快现代农业供应链建设，需要从调动政府、企业、农民、社会等多个主体入手，因地制宜寻求科学的对策。

首先，政府要有大作为，支持"强链"。政府要对现代农业供应链建设提供强有力的政策支持，在产业、财政和税收政策上，为现代农业供应链建设开辟绿色通道，保证乡村农产品供应链协调运行，有关职能部门要引导企业和社会组织为农产品供应链建设服务，形成实用有序的农产品供应链体系。引导实施"互联网+"农产品出村进城工程，完善适应农产品网络销售的供应链体系、运营服务体系和支撑保障体系。

其次，企业要有大动作，加快"建链"。企业要转变观念，积极参与农产品供应链建设，在供应链建设中发挥关键作用，实现企业利益的多赢发展。以业态丰富提升价值链，推进品种和技术创新，提升农产品的内在品质和外在品相，以品质赢得市场、实现增值。做活商贸物流，要在地方特色农产品优势区布局产地批发市场、物流配送中心、商品采购中心、大型特产超市，新型经营主体、农产品批发市场等，要建设产地仓储保鲜设施，发展网上商店、连锁门店，等等。不断

丰富企业的农产品供应链渠道。

再次，农民要有主动性，加快"连链"。农民是供应链建设的重要主体．特别是我国大国小农的国情，决定小农户的数量多且长期存在，小农户必须通过融入供应链与现代农业有机对接，以现代农业供应链为重要手段推进小农户的现代化。因此，农民要积极参与供应链的建设，努力把自己融入农产品供应链之中．利用现代农业供应链保障自身生产利益的实现。

最后，社会要有包容性，主导"补链"。现代农业供应链是关系全社会农产品供应保障的大问题，整个社会要包容并允许各种供应链并存发展，形成现代农业供应链发展的良好社会环境。要完善供应链市场运行规则，发挥市场主导作用，公平公正地保护农产品供应链市场化发展，以市场的力量引导供应链建设的完善，让各供应链主体之间按照市场规则有效运行，充分发挥供应链的利益协调和利益保护作用。同时，社会各主体要发挥信息技术的作用，健全绿色智能农业供应链发展机制，培育农商直供、直播直销、会员制、个人定制等模式，建设农商互联、产销衔接，再造业务流程、降低交易成本的农业供应链体系。

（作者系湖南师范大学中国乡村振兴研究院教授）

顺应人口流动趋势推进农业人口转移

⊙ 方典昌

2022年年末，全国人口比上年末减少85万人，人口自然增长率为-0.60‰，我国开始进入人口负增长时代。但负增长并不意味着人口红利消失，庞大的人口总量以及城乡人口的持续流动仍然是高质量发展的重要力量。"十四五"规划明确提出，健全城乡融合发展体制机制，加快农业转移人口市民化，支持城市化地区高效集聚经济和人口。应充分把握这一趋势，以农业转移人口市民化为突破口，破除城乡二元结构，促进城乡融合发展。

一、农业转移人口有多重效应

从乡村看，当前实现农业农村现代化的条件基本具备，关键是破除农业转移人口的制约因素，但受制于"大国小农"基本国情，我国土地碎片化严重，农业农村仍然承载约35%的人口。与欧美主要发达国家相比，总体而言我国乡村地区人均土地占有量较低，农业劳动生产率和竞争力有待进一步提升，要实现农业农村现代化，必然要求农业富余劳动力转移。

从城市看，剩余劳动力由农业向工业、由农村向城市的持续转移是中国经济能够长期和高速增长的关键。改革开放以来，中国常住人口城镇化率从不到20%上升到今天的65%，约6亿人从乡村流向了城市。现在看，我国城镇化率仍有较大的空间，农业转移人口仍然是助推城市发展的重要动力。

综合来看，农业转移人口有三方面潜在效应：一是降低乡村振兴压力；二是为城市提供劳动力要素、提升城市能级；三是农业转移人口与乡村有天然的联系，在其返乡创业过程中，能够将城市资本、理念、技术等要素带回乡村，助力乡村发展。因此，农业转移人口是沟通城乡的有效载体，是乡村振兴和新型城镇化融合的联结点，可以将其作为综合改革的关键抓手，顺天时，量地利，则用力少而成功多，对促进城乡融合发展起事半功倍效果。

二、农业人口转移有较大空间

根据国际经验研判，我国城镇化率仍有 20 个百分点左右的空间，农村人口向城镇集中是大趋势。潍坊地处东部城市化地区，其人口流动及农业人口转移情况有一定典型性。

1. 农村人口转移有较大潜力。

潍坊作为农业大市，农业农村工作长期引领全省全国，在农业机械、农业信息化等技术领域有较强基础和优势，在土地托管、土地流转、农业园区等制度领域也有成熟经验，相对应的特点是农村人口占比大。2021 年潍坊农村人口占比 34.8%，仅低于全国 0.48 个百分点，在 GDP 前 15 地级市中排 14 位，与无锡、佛山等地区相差 17 个以上百分点。第七次全国人口普查数据（以下简称七普数据）显示，过去十年，潍坊居住在农村的人口减少约 148 万人，农村人口比重降低 17.45 个百分点，潍坊乡村人口减少数和比重降低幅度在 GDP 前 15 地级市中均排第 1 位，也高于山东省平均水平。中科院等多个机构预测，到 2035 年全国城镇化率 72% 左右，参照这一标准测算，未来 15 年潍坊农村人口将转移 110 万左右。

2. 城市吸引人口的关键是产业和公共服务供给。

从农业转移人口角度出发，其进入城市主要关心两方面："能不能挣钱"和"住房、上学、看病难不难"，分别对应城市产业发展和公共服务供给。产业方面，2020 年，从规模以上私营工业参照系看，不论是企业数量、营收还是利润总额指标，潍坊均稳居山东省内第一梯队，间接反映出潍坊产业基础雄厚、有竞争力。从七普数据看，10 年来，潍坊城镇人口增加约 178 万人，城镇人口比重提高 17.45 个百分点，比全省高 4.11 个百分点，潍坊产业优势正逐步转为人口吸引红利，助力城镇化。公共服务方面，从政策性保障房看，潍坊建立起了以货币补贴与实物建设相结合的住房保障体系，实物建设上实行集中建设和普通商品房项目中按比例配建相结合的模式，保障性住房供给更加科学有效。

三、两端发力顺应农业人口转移

1. 乡村端促进

习近平总书记曾指出："全面建设社会主义现代化国家是一个长期过程，农民在城里没有彻底扎根之前，不要急着断了他们在农村的后路，让农民在城乡间可进可退。这就是中国城镇化道路的特色，也是我们应对风险挑战的回旋余地和特殊优势。"

国际上，土地大多有保障粮食安全的战略功能和追求效益的效率功能，中国土地被多赋予了对农民的保障功能。在三个功能中，从我国战略层面看，首要的是粮食安全，其次是对农民的保障，末次是效率功能。从完善顶层设计角度出发，三个功能可以统一，路径是充分发挥市场在资源配置中的决定性作用和更好发挥政府作用，以效率为抓手，在保障粮食安全和农民权益前提下，发挥好土地效率功能，通过适度规模经营促进农业富余人口转移。

一是因地制宜抓好两类适度规模经营。习近平总书记强调："要把握好土地经营权流转、集中、规模经营的度，要与城镇化进程和农村劳动力转移规模相适应，与农业科技进步和生产手段改进程度相适应，与农业社会化服务水平提高相适应。"这就要求在确保土地保障功能基础上，发展土地适度规模经营。从各地实践看，土地适度规模经营主要有土地流转和土地托管两种模式，根据两类模式不同特点，可因地制宜推进：城郊地区，资本、技术、人才等要素比较充裕，流转土地运营项目的成功率较高，可优先考虑土地流转方式；一般地区，相比而言资源要素集聚度不高，可优先考虑土地托管模式。二是发挥好村集体的促进作用。当前土地适度规模经营已成为共识，新型农业经营主体有需求、农户也有流转托管承包地的愿望，技术和制度层面已成熟，只差中间的对接，而村集体能够很好地承担这个角色，办好一家一户办不了的事，破解土地细碎化问题，促进土地适度规模经营。需要注意的是，在此过程中应突出农民主体地位，把保障农民利益放在首位，确保农民利益不受损。

另外，解决好乡村养老问题也是促进农业人口转移的重要方面。现阶段看，制约农业转移人口在城市立足的重要因素是留守老人的养老问题，特别是青壮年进城而父母仍然留村的农民家庭，这类在城市稳定就业的青壮年很难在城市安心工作和生活，要使这类群体在城市长久稳定，需帮助其解决好家庭老人的养老问题。建议推广互助养老、老年幸福食堂等模式做好留守老人的照护工作，解除农业转移人口入城的后顾之忧，以乡村养老的一点，书写城乡两端大文章。

2. 城市端拉动

习近平总书记曾指出："在人口城镇化问题上，我们要有足够的历史耐心。世界各国解决这个问题都用了相当长的时间。但不论他们在农村还是在城市，该提供的公共服务都要切实提供，该保障的权益都要切实保障。"当前从城市端拉动农业转移人口需重点关注以下几方面。

一是以县城为载体吸引人口就地城镇化。农村转移人口就地城镇化能够将人口优势转变为城镇化优势，进而提升一个城市的能级和区域发展竞争力。建议在吸引农业人口转移进程中，多措并举，引导劳动密集型产业、县域特色经济及农村一二三产业在县城集聚，持续增强县城综合承载能力和治理能力。

二是用好"人、地、钱"相关政策。"地—人"方面，落实好城镇建设用地增加规模与吸纳农业转移人口落户数量挂钩政策；"钱—人"方面，增加农业转移人口市民化奖励资金，更多用到农业转移人口所需的公共服务上。同时推动城镇基本公共服务加快覆盖常住人口，以新生代农民工为重点推动参保扩面，保障随迁子女在常住地接受义务教育，加强农业转移人口就业服务。

三是多渠道增加公租房供给。租住私房是流动人口的主要住房来源，多数农业转移人口希望能够申请到公租房。建议在城市规划中充分考虑流动人口因素，把公租房对象扩大到在城市稳定就业与生活的农村转移人口。增量上，借鉴集体建设用地建租赁住房试点城市改革成果，加大公租房供给；存量上，研究租赁、收储私人闲置房屋作为公租房的政策，满足农业转移人口在城市分散化、差异化的租房需求。

四是做好农业转移人口职业技能培训。充分发挥我国职业教育优势，大力开展面向农业转移人口的技能培训和新职业新业态培训，助力农业转移人口市民化。一是扩大职业院校面向农业转移人口的招生规模，发展面向乡村的职业教育，深化产教融合和校企合作。二是提升培训的灵活性，开展城市紧缺的工种培训，如机修汽修、焊工、母婴家政、建筑装修等。

（作者单位：山东省潍坊市改革发展研究中心）

乡村振兴战略下湘西少数民族传统村落的文化重构路径
——以永顺县西米村为例

⊙ 张津　伍磊

2017 年，党的十九大报告首次提出乡村振兴战略，随后在 2018 年中央一号文件中提出实施该战略的具体方案。五年来，乡村振兴战略成为指导我国农村工作的核心思想，为农村基层社会的快速发展奠定了坚实的思想基础。2022 年 10 月，习近平总书记在党的二十大报告中又再次指出，全面推进乡村振兴，要坚持农业农村优先发展，巩固拓展脱贫攻坚成果，加快建设农业强国，扎实推动乡村产业、人才、文化、生态、组织振兴。由此可见，全面推进乡村振兴的主要路径包括乡村产业振兴、人才振兴、文化振兴、生态振兴、组织振兴五个方面。其中，文化振兴是乡村振兴的文化保障，因此要依托乡村社会原有的文化背景和社会基础推进乡村传统文化的重构，促进乡村文化振兴，为乡村振兴战略的整体推进创造良好的文化环境。

少数民族文化是中华传统文化的重要组成部分。湖南湘西地区自古以来就是少数民族聚居之地，也是多元民族文化交流的重要地区。在该地域上分布着许多个少数民族传统村落，既是当地社会的基本单位，也是湘西地区民族传统文化得天独厚的社会载体，成为当地传统文化有机体的重要组成部分。但是，受现代化的冲击，当地少数民族所扼守的传统民族文化逐渐式微。传统文化的弱势使得当地乡民精神资源贫瘠，乡村传统文化的重构工作也遇到了诸多困境。现如今，在党和国家提倡全面推进乡村振兴的战略背景下，恰巧给了当地少数民族村落重新挖掘本民族传统文化，有效开发民族文化精髓，实现区域经济与乡村传统文化全面发展的重要契机。因此，本文拟从湘西少数民族社会的发展历程入手，以其传统村落文化的变迁为线索，以发掘其当代所存少数民族传统村落文化特性的价值为重点，以坚持中共中央全面推进乡村振兴战略为提领，采取历史与现状相结合的方法，以当地永顺县独具少数民族传统文化特色的西米村为例，来探讨乡村振兴战略背景下湘西少数民族传统村落的文化重构路径。

一、西米村概况

湘西土家族苗族自治州（以下简称湘西州）地处湖南省西北部，武陵山脉腹地，行政区域总面积 1.55 万平方千米，辖区内共有七县一市。湘西州是土家族苗族聚居区，全州常住人口 2365160 人中，少数民族人口为 1927561 人，占 77.47%。其中，土家族人口为 1078151 人，占 43.33%；苗族人口为 830948 人，占 33.40%。湘西州是我国土家族人口的重要聚集地，也是土家族文化的重点保护区，拥有着"老司城""土家第一村——双凤村""溪州铜柱"等土家族文化遗产，部分地区仍保存着"过赶年""社巴节""打溜子"和"摆手舞"等土家族节庆仪式民俗。

湘西州永顺县于 1729 年正式置县。全县被地方政府划为 18 个保，西米村位于上榔溪，称作上榔保，属于永顺县上榔保七甲的管理范围之内。当时，西米村被当地的土话称为"西腊"，意为长满青草、鲜花、绿树的地方。1923 年，上榔保改名上榔乡，西腊村为其所辖。中华人民共和国成立后，于 1951 年废除保甲制，按区划分，此时全县共有 9 个区、116 个乡和 1 个直属镇，西腊为永顺县第五区的石堤西所辖。1956 年 6 月，根据党中央国务院撤区并乡的指示精神，永顺县原设的 11 个区被撤销，181 个乡镇被并为 37 个乡 3 个镇，西腊被划入高坪乡。1961 年，永顺县再次进行了行政体制上的调整，全县被划分为 9 区 1 个直属镇。此后，区、社建制多年未变，而大队、生产队几经变更，至 1982 年，全县行政区划进行了一次调整，将米寨划入了西腊，就此将西腊改为西米，独立成乡。1988 年，全县共设 9 个区，1 个直辖镇，41 个乡，5 个乡级镇，517 个村民委员会。西米乡则被划入高坪区，管辖 10 个自然村。2005 年 9 月，永顺县乡镇行政区划调整，撤销西米乡，将其管辖的西元、星火两村归入松柏乡，马鞍山等 8 村划入高坪乡，米寨村、白腊村、西腊村合并为西米村。就此，西米村的这一行政体系沿革至今。

在当代，西米村处于湘西州永顺县的东南部，紧邻 G352 省道，位于张家界至凤凰的黄金旅游线上，拥有一定地理位置与旅游区位上的优越性。村庄共有 5 个村民小组，共 555 户，1746 人，其中土家族 70%，苗族 25%，汉族及其他民族 5%。

西米村面积 16.7 平方公里，大部分为山林，其中耕地 3470 亩，林地 21800 亩。稻田 1760 亩，旱土 1710 亩。该村先后被授予全国妇联基层组织建设示范村、国家森林乡村、湘西州美丽乡村和红军村、永顺县"重家教、守家训、正家风"示范村。

二、西米村的传统文化重构路径

历史上，西米村所在的永顺地区各族群地区经历了羁縻时期、土司时期以及改土归流后时期。在这些时期，王朝国家诸多不断变换的民族治理政策使得当地各族群形成了不同的民族文化特性。随着时间的推移，当地民族社会不断吸纳、融合新的文化特性，改造成新的民族特性，并最终形成了当代我们所能见到的西米村的传统文化特质。

当代对西米村传统文化特质影响最大的，莫过于现代化浪潮。对于传统的当地社会来说，现代化带来的信息化、交通、城市化等元素扑面而至，千百年来当地少数民族所扼守的传统民族文化逐渐式微。经济的发展虽然使得当地各民族村村民的生活水平有一定的提高，但是并没有带动当地社会全面发展，随之而来的是当地村民精神资源的贫乏、环境的严重破坏、人口外流严重、贫富差距悬殊等诸多自然、社会问题的衍生。失去了民族特性的当地少数民族村民，也就此失去了在多元社会中立足的根本。面对这种情况，重构当地传统文化势在必行。

所以说，要想在新时期开发西米村的传统民族文化，当地少数民族传统村落的村干部就应在党和国家全面推进乡村振兴的战略大背景下，带领村民，在地方政府的帮助下，主动扛起传统村落文化重构的大旗，利用自己手中一切可以利用的文化、物质、自然资源，克服文化重构所面临的困境以及尽可能地寻求解决之道，完成当地少数民族传统村落的文化重构，并最终以文化引领乡村振兴。基于以上理念，开发西米村传统文化的关键节点就是做好乡村振兴工作，具体路径应有以下三点：

（一）充分利用传统文化资源，发挥其产业潜能与社教功能

西米村具有丰富的传统文化资源，包括历史遗存和红色资源。面对这样一笔巨大的文化财富，一方面当地政府有关部门应积极指导西米村村委、村干部进行有效有序的旅游产业开发工作。深挖当地土家文化内涵，打造强大的土家族文化

旅游品牌；深耕土家族文旅产业，开发多层次文旅产品。尤其以"西腊城堡"为中心，将当地打造成土司文化旅游目的地，并以土家族传统的节庆习俗和饮食文化为基础，在当地旅游场所打造"吃喝玩乐"一条龙休闲广场。将篝火晚会、长桌宴、流水席、"刀头"祭祖、"瑶绣"技艺展示等民俗活动纳入其中，让游客既可以品尝到"合菜"、炖缸大片牛肉、土家腊肉、土家酸菜等特色美食，又能聆听土家族民乐，参与民俗活动，让他们尽情沉浸其中，流连忘返。

另一方面，还要充分利用当地的廉孝文化因子与红色文化资源，让其为当代当地的社会教育发挥作用。其一，西米村乃至永顺县各级有关工作部门应加大对当地家谱、族谱的研究，在广泛收集西米村家谱、族谱的基础上，深挖其中以"廉孝文化"为代表的包含中华优秀传统文化因子以及湖湘优秀传统文化因子的家训族规，全面开发当地家谱、族谱的存史、资政、育人等重要功能；其二，以当地红色资源作为重要的素材，将其转换为面向社会、面向公众、面向青少年进行爱国主义教育、红色文化教育、乡土历史教育的资料。并推进西米村红色资源研究多出成果，使其能通过文字的方式进机关、进企业、进军营、进社区、进乡村、进校园、进课堂、进头脑，让广大群众均能接受到西米村红色资源的红色乡土教育，从而在内心激发红色认同，产生红色共鸣，筑牢红色根基，最终达到挖掘红色资源的时代价值，彰显红色资源时代意义的目的。

（二）加大政府的政策配套力度

政府是乡村振兴的主体，政府对乡村振兴工作相关政策导入的力度大小，对少数民族乡村的经济发展有直接的重要影响，起主导作用。政府部门要根据乡村振兴工作的目标和要求，结合具体工作中的运作实际，针对发展对象的具体情况，制定并导入切实可行、行之有效的发展政策。就西米村所在的永顺县的乡村振兴工作而言，政府要制定和落实有利于少数民族乡村经济发展的各项优惠政策，还应自己制定针对当地特殊社会状况的地方优惠政策，如：对以西米村为代表的少数民族乡村实施特殊照顾政策，对生活较不富裕农民的帮扶政策；建立规范的中央和省级财政转移支付制度，强化对这些少数民族乡村地区的财政支持；对这些少数民族乡村地区开办的各类企业，特别是农产品营销、加工企业，免除各种商业税等。

（三）加大资金投入力度

资金投入，是改善当地以西米村为代表的少数民族乡村基础设施建设和启动经济项目开发必需的前提条件。没有资金投入，乡村振兴工作便无能为力。资金投入量太小，乡村振兴的工作成效也不会十分明显。一般而言，资金投入多少与乡村振兴工作成果的大小是成正比例的。对于相对落后的少数民族村落，如果不加大资金投入力度，不仅达不到经济发展的目的，而且也难以巩固之前全部脱贫的成果。

总而言之，在党和国家号召全面推进乡村振兴的大政策背景下，给了当地少数民族村落重新挖掘本民族传统文化，有效开发传统民族文化精髓，实现区域经济与乡村传统文化全面发展的重要契机。当地地方政府在少数民族传统村落的传统文化重构中应扮演主导角色，但又不能喧宾夺主。地方政府应以乡村振兴为本，出台相应配套政策，帮助当地村民进行少数民族传统文化的重构，但又不要过多地干涉村民对民族村落的重构行为，以免当地村民无法重构当地少数民族古色文化的精髓。我们始终认为，实现乡村振兴的伟大战略目标，是湘西地区少数民族乡村经济发展进程中的一次质的飞跃，唯有坚持以少数民族传统文化的当代重构为经济发展的基本动力，才能真正实现当地少数民族乡村社会全面进入小康社会的目标。

［作者单位：张津，西南民族大学中华民族共同体学院博士研究生；伍磊，吉首大学师范学院副教授。本文为湖南省教育厅科学研究项目"民族地区乡村社会治理中铸牢中华民族共同体意识路径探究"（22B0530）阶段性成果］

农村万象

插队务农记

⊙ 武吉海

1970 年 3 月，吉首县知青办分配我到本县太平公社夯古大队插队落户。至 1971 年年底，我在乡下度过了近两年的务农生活。这两年的经历，给了我丰厚的滋养。一些情景、感念，令我终生难忘。

落户黄东寨

当年我刚满 17 岁，从吉首一中初中 38 班毕业后在家做零工。接到分配下乡的通知后，父亲翻山越岭送我至太平公社报到，去供销社购买箩筐、锄头、柴刀、铁锅等生产生活用具，乘船渡过司马河到夯古大队黄东寨落户。

寨上的大队、生产队干部忙着帮我打扫卫生，架起锅灶，开了床铺。我住的是生产队废弃灰棚，虽然简陋，但里里外外收拾得干干净净。生产队长告诉我，你今后上厕所借用坎下邻居家的茅坑，挑水到队屋后山湾里的水井，天气热了可以下到溪里洗澡。旁边的谷仓有一个知青居住，这段时间他没来。

父亲当天返回县城，我住在灰棚一夜翻来覆去睡不着，哭了起来。今后的日子怎么过，心里惶恐、没底。

随后，我从社员口中了解到，黄东寨靠近排吼公社巴金寨和泸溪县的潭溪公社，距离吉首县城有 25 公里，是太平公社最远的一个寨子。寨子建在半山腰上，山底有一条溪流。寨上住房多为木瓦房，少数盖有茅草。夯古大队共有 6 个生产队，4 处自然寨。黄东寨分为第 5、第 6 生产队，不到 200 人。我所在的第 6 生产队，队长张言福，是帮我架锅灶的那个中年人。夯古大队党支部书记住在鸡公坡寨子，叫张成瑞。这里张姓为大姓，是土家族，新出生的小孩按张姓字辈取名字，在排的字辈有：学、成、耀、祖、正、名、言等。

刚去那年，城镇知青口粮是国家供给的。队上的社员不时送我点蔬菜。上山劳动可顺带采些胡葱、弟弟菜、苘麻菜、山竹笋、蕨菜等野菜，运气好时能翻到枞菌、采到长在腐朽油桐树上的白冻菌。晚上炒着吃，味道好极了。一个月返回城里一次，父母买点肥肉、豆腐、豆豉、卤油、小菜，用箩筐挑回寨子省着吃。

插队落户，考验的是独立生活能力。白天做工，晚上放工回来要挑水、煮饭、炒菜，忙完了已是晚上八九点钟，有时还要去队屋开会。那时油水少，早籼稻不胀饭，一餐要吃一斤多米，缺口靠家里接济。

跟乡亲们混熟了，有个社员关心我：小武，你在这里好好干。干好了，可以在寨子上讨个媳妇成个家。一番话说得很温馨。

做事勤快点，多挣点工分

在生产队安家，首要的是学做农活。时值春耕，生产队长早起喊工，男劳力抢水犁田，妇女打青沤田作肥。生产队长张言福看我个头小，给我评了基本工分8分，并照顾我先做帮妇女打青过秤的工活。他给我说，做犁耙功夫的头号劳力一天记10分，你在生产队出工做事勤快点，多挣点工分，年底分红分得粮食多些。重功夫今后慢慢学，做好了工分会加上来。

种田还是有诀窍。夯古大队这一带属紫色砂页岩土壤，海拔300～400米，稻田分三类。靠溪边的稻田水源好，往往用来作秧田，其耐旱易涝。两山之间的稻田，当地称为垅田，一般上部有水源，山阴日照少的为冷浸田，水源欠的用作冬泡田。山腰、山顶上的稻田多为山旱田，也称雷公田或天水田，意为响雷公下大雨才能犁田耕种。吉首夏秋多旱，一些年份7月中下旬断雨，雷公田种稻谷易遭"包胎旱"（即稻谷抽穗时遭旱），造成减产或失收。而溪边田、垅田，收成稳当些。有的生产队，雷公田占了近一半。春天遇到半夜下大雨，青壮年劳力要披蓑衣、赶牛、摸黑去抢水犁田。

种田从浸种催芽开始，翻犁平整秧田，薄膜覆盖育秧，都需有经验、责任心强的老农劳作把关。遇到倒春寒烂秧，老农欲哭无泪，只能从头补秧甚至外出借秧。

插秧是一年最忙的时候，清早起来扯秧，早餐后运秧、插秧。手脚快、插得好的，往往是心灵手巧的妇女。稻田培管、薅草，治理病虫害，里手的多是队上骨干。

开始老农不让我赶牛犁田，搭田坎。秋收时，打谷子抬斥桶选个子大的先上。我跟在社员后面，学会了扯秧、插秧、薅草、割谷打谷、搭田坎、锄包谷亘、收割旱烟、斥水灌田。

生产队人均有 1 亩多耕地，水田种植稻谷，旱土和坡地种包谷，秋冬种荞麦、豌豆、油菜，春季间作绿豆、黄豆、芝麻、花生。栽种早熟品种，可以躲过夏秋尾旱。除粮油作物外，队上种植旱烟等可供换钱的经济作物不多。队里大田施肥用牛粪、压青（即田里翻沤青草、树叶）、草木灰，大头是用化肥碳酸氢铵。购买化肥资金靠砍树卖钱。社员家里的人畜禽粪、尿，用作自留地种蔬菜施肥。因为缺饲料粮，养猪户很少。

黄东寨周边的森林覆盖比较好。每年，生产队向上级争取商品材砍伐指标，安排劳动力砍树，等汛期来了扎、放木排。选直径大的树木砍倒，锯断成 2 米多长的原木。直径 12 ～ 16 公分的树木，除去枝丫，加工为条木。大材主要是马尾松，中小材有杉木条。按队长的说法，砍造轮番来，林业上叫迹地更新。

参加砍树放排，是我主动要求与成年劳力一起干的。因我从小上山砍柴，在峒河游泳熟悉水性，做这件事有点底气。不料抬原木用力过猛扭伤了腰。队长关照在家休息几天后，复工去与妇女做锄草等轻农活。

放木排爽快，但隐含风险。我们一行在生产队长带领下，将溪边的原六、条木放进涨水的溪流，一路顺水而下，经司马河进入峒河，在峒河弯滩扎成大排。当大排行至峒河下游松柏潭段时，遭遇坝阻、险滩，几番大浪将木排打散，不少木头卡在坝上。我游过去摇动被卡木头，多节原木随浪冲下，我翻入漩涡得以逃生。游上岸后，喘着粗气，许久缓不过神来。

队长招呼将打散的木排整理，趁水势放到泸溪县洗溪木材收购站。站旦验尺收货，付给队上现金。队长叫人从镇上称来 10 余斤猪肉，买一些豆腐、辣椒、小菜，打了几斤散装白酒。办好饭菜后，大家蹲在木材站喝酒、会餐，一醉方休。一位同行跟我讲，你这次放木排差点出事，我们应该饱饱吃一顿。今年队上买化肥的钱有了，我们这一趟值得。农村太穷了，寨上人改善伙食，男人靠外出放排，女人靠在家怀孩（子）。

穷日子也有盼头

等到年底分红，才知道社员辛辛苦苦忙一年，正常年景只能糊口，家里小孩多的还不够吃。当时提倡过革命化春节，生产队在年边杀了一头猪，按在册人口，每人分猪肉7两。我把7两猪肉与五六斤红萝卜炒在一起，分作几餐吃，算是过年了。

我接任生产队会计后，参加队里记工核算，才搞清生产队的运行套路。农村实行人民公社、生产大队、生产队"三级所有，（生产）队为基础"的管理体制，土地、山林等生产资料归生产队支配，大队只指导生产，上传下达，在农事关键环节和推广新技术、新品种时开会布置，与公社联系大队的干部下来检查督促。具体农事和队上社员的生产生活，则由生产队长负责安排。人口较多、有党员的自然寨，一般有人出任大队党支部委员，便于上下联系和做群众工作。

生产队大事由生产队长、贫协组长、妇女队长、会计、出纳兼保管员、记工员商量，生产队长最后定夺。年终分配，除去上交公粮（农业税）外，按社员的基本口粮、工分粮核算。基本口粮大约人平300多斤，老小都有份。挣工分多的多分工分粮，劳动力多、出工多的人家有余粮。队上每年还预留一些储备粮，以备荒年调剂和缺粮户断炊时借用。队里年底可供分配的现金很少，主要靠出售木材、山货及一些搞副业的收入。一个劳动工日分不到1角钱。社员卖山货、鸡蛋等物产和购买日用品，靠赶集或上公社供销社交易。当时，队里可支配的资源有限，集体劳动效率不高，难有积累，只能维持简单再生产。

社员口粮分配记账后，统一保存在生产队队屋仓库，保管员按月过秤发放。队里保管员耳朵有点背，过秤发粮有时牛头不对马嘴。不时被领粮妇女骂他"装聋作哑、滑头扣秤"，他做个鬼脸善意回应。

操心多的还是生产队长张言福。他家有6个孩子，大女儿才十五六岁，几个小的嗷嗷待哺，爱人怀着孩子上工，两口子与大女儿忙着挣工分，他作队长还要划算队上事，无暇顾及家里。他家一个7岁多的男孩，因发烧没有及时送医突然夭折，张言福一下子苍老了许多。

进入来年春季，一些社员家里断粮，队上仓库剩粮不多。生产队长急着向上级反映，经上级帮助协调，他带着我们去本县排绸公社借粮渡荒，解了社员断炊燃眉之急。

生产队管理的集体资产，除田土山林外，有队屋、仓库、榨油坊、牛栏、耕牛、厍桶、风车等。队屋门前开有一大坪场，用来铺垫子晒稻谷、剥粒包谷。在队屋坪场捶打脱壳的豌豆、黄豆、绿豆，脱粒的花生、芝麻，晾晒的旱烟，集体出售后余剩的，也按工分分给社员。

队上的成年劳力轮流在队屋守夜，看护仓库。队屋离寨子有一段距离，轮到我值守时陡生心神不安。早几天，寨子上病逝一个十四五岁的姑娘，盖上白布从队屋抬过。这个姑娘在大队小学读书，长得文静清秀，寨子里的人都为之惋惜。那天晚上我在队屋守夜，屋外一片漆黑，坎下一株结有红果的大树沙沙作响，虽然准备了一根大棒伴我睡觉，但我心生寒战，几乎一夜未眠。后来，社员告诉我，弄响大树的是白面狸（即果子狸），它在偷吃野果子。

队屋经常用来开会。当时县里布置清理阶级队伍，开展"斗批改"和"学洛塔、学野鸡坪"运动，队长主持社员大会，由大队党支部委员传达上级精神，提出工作要求。有时也将队上的富农叫出来批斗一番。倒是这个富农待人和善，斗着、斗着，劳累一天的社员先后呼呼睡着了，队长趁势宣布散会。

缺吃少穿的岁月，一些社员群众照样乐观、谈笑、自嘲。有人调侃生产队长当新郎时的青涩，队长报之一笑。妇女将一个长得肥胖的男社员，唤作"端桶"，"端桶"也不以为然。就连挨斗的富农，以及遭遇不幸变故的人家，斗完了，事情过去了，照样出工，闲谈交流，看不出垂头丧气的样子。按队长的话说，毛主席让贫下中农当了家，我们应该干好，干好了才对得住毛主席，对得住父老乡亲。

其实，穷日子是难熬的。子女多的家庭，小孩特别是女孩，读几年书就辍学，在家带弟妹，帮做家务。当时稻谷亩产只有400～500斤，包谷亩产300多斤。平常缺粮吃不饱饭，常以荞麦、豌豆、红薯、瓜菜充饥。嘴馋的小孩一年很难见到几次荤菜。一套衣服从冬天穿到夏天。有40～50岁的光棍，讨不到老婆。小病一般捱着，重了才找"赤脚医生"看病拿药。正是农民的忍耐与苦熬，支撑了困难时期家族的生存与繁衍。我问过一些社员，你们家徒四壁图个什么。他们告诉我，一棵草都有露水养，穷日子也有盼头，也要划算过。社员年复一年地盼望：风调雨顺、庄稼丰收，儿女健康平安、早日成家立业。他们相信，好日子只要耐心等待，一定会来。

有人陪伴、指点，可以少走弯路

在黄东寨插队务农，我有幸遇上几位好人。他们的陪伴、指点和言传身教，使我不至迷惘，也跟着学到不少终身受益的东西。

生产队长张言福说话不多，但憨厚正直，处事公平，精通农活，喊得动人。我患疟疾几天睡在床上，先忽冷忽热，后高烧不退，是他联系"赤脚医生"帮我看病拿药，我服用奎宁丸后得以治愈。队长母亲送给我她平常用来换盐的鸡蛋，叫我好好养息身体。

住在我家隔壁仓库的知青李启浩，聪明机灵，吹拉弹唱，泥木手艺，样样来得几手。他是邵阳武冈人，伯父一家住在吉首县城下河街，堂哥在州歌舞团拉二胡。李启浩的父母及几个妹妹下放到太平公社英勇大队，处在黄东寨经司马大队走阿娜返回县城的路上。

我在吉首一中读初中实际不满一年，就爆发"文化大革命"，接着停课闹革命，直至1968年初中毕业。下乡时，只带了"毛选"四卷，苦于找不到其他书读。李启浩大我8岁，特别善解人意。他从伯父家里找来旧的电影画报和文学书籍，又送我一本家藏的新中国成立初期出版的词典。在通读"毛选"的同时，我也从相当于百科全书式的词典和文学书籍、杂志中，获取到不少珍贵知识，开阔了我的阅读视野，使独处的夜晚不再寂寞。

务农、处事，李启浩比我老辣些。生产队给我俩分配了自留地，两块地距离不远。李启浩教我挖地、整地、播种蔬菜籽。他说，种菜比种田更要精耕细作，要下底肥、追肥，捉虫子。平常的培管跟上了，种菜才有好收成。记得秋后队里交公粮从河溪粮站改到距离远的乾州粮站，我出发时两只箩筐装了60多斤稻谷，挑上肩感觉不重。他劝我卸掉一些，说走长路挑担子越挑越重，我固执己见没听他的。果不然，走了20多里路，就走不动了。好在他挑着担子一路等我，直至乾州粮站交完粮食。一天下来，我的骨头像散架一样。他对我说：挑担子不能霸蛮，你吃了亏，才晓得利害。

一次，我俩到溪边插秧，看到田坎边盘着一条正在晒太阳的大蛇。我们找来木棍将其打死，李启浩拖着这条近2米长的菜花蛇回到寨子。晚上收工，他招呼我菜已办好，给我端上一大碗小炒肉，吃起来鲜美可口。事后他告诉我，这碗菜是我们白天打的蛇肉。

炒菜，李启浩是一把好手。他做的红烧苦瓜、冬瓜、茄子，放油不多，色味俱佳，吃了叫人舍不得放下筷子。

李启浩为人义道。我抬树扭伤腰部后，经常发作疼痛。他从家里拿来泡制的药酒，不厌其烦地帮我扎瓦针、揉腰。生产队长爱人生孩子坐月，没钱买荤菜。他邀我将各自从家里带来做油的腊肉，割半块送到队长家。

中年党员张正英，从部队退伍回黄东寨，担任大队党支部副书记，后因身体原因卸职。他与爱人生养5个小孩，两口子都勤劳肯做，家里料理得十分清场。他毕竟见过大世面，处事温和稳健。当时，一些分散插队落户的知青不太安心，有的返回县城泡病号。这与上级倡导城镇知青扎根农村，铁心务农的精神不符。后来实行国家干部带队、城镇知青集体落户、统一出工开餐、兴办知青场等方式，安置新毕业的下乡知青，免除了知青分散插队的后顾之忧。一次，张正英与我闲聊，开导我说，运气还是有的，你在这里安心务农，可能回城还快些。国家今后建设需要人才，你不可能在农村搞一辈子。得知我被公社安排进供销社做亦工亦农人员的消息后，他跑来告诉我，并为我衷心祝福。

遇上"亦工亦农"

我赶往太平公社报到，公社党委秘书文宏恕嘱我先去供销社见面，然后到县里参加新农药、新化肥技术培训。我的身份仍然是农民，但工作在供销社，由供销社发工资，这叫"亦工亦农"。

当时全国开展的农业学大寨运动，实行"以粮为纲"，正在大搞农田水利建设，推动粮食增产。我们参加供销系统"920"生长剂和"5406"菌肥技术培训班，主要培训接种技术。

培训班结束后，在公社供销社主任王四喜的安排下，我与从马头大队抽调上来的女知青小吴，利用供销社的生资仓库，因陋就简办起了新农药、新化肥厂。"920"生长调节剂是赤霉素，一种用于促进植物开花、结果，减少落花落果的广谱性新农药。"5406"抗生菌能提高土壤肥力，增强农作物的活力与抗逆力，是一种新化肥。两者都需使用酒精灯接种，实行无杂菌操作、繁殖。产品出来后，由负责生产培植的同志去推广。没搞多久，或许由于技术时限等原因，厂子停办了。

我回供销社打杂。供销社当时有八九个职工，分南杂、百货、生资三块，也代理一些收购业务。负责宰杀派购生猪、卖肉、加工豆腐供给社直单位的职工，叫杨伯，他兼任供销社食堂炊事员。杨伯性情耿直，杀猪剔肉手脚麻利。猪肉凭票卖给社直单位，猪头剔骨后，猪脸肉用来炒青椒，骨头用作熬汤下面条，猪大肠爆炒酸辣子。就餐的同志都夸杨伯改善伙食有办法。党员张自宽，从事生产培植，经常下队。那时公社不通公路，食盐、酱油、白酒、糖果和布匹、纸张、手电等食品、日用品，以及农具、化肥、农药、农膜等生产资料，全靠几位身强力壮的挑夫从吉首城里进货挑回。他们长年累月挑脚，保障了这一片的低限供给。

县里修建吉首至太平公社驻地公路，供销社派我去搞货郎担服务。公社所辖11个大队，按建制抽调劳力组成民兵营，自带口粮、蔬菜、铺盖，由大队主干带领参加筑路大会战。劳动力出工修路回生产队记工分。这是当时修桥铺路、改河造田、修水库等建设农村基础设施较大工程使用的组织、计酬机制。随着开山的隆隆炮声，乡亲们用钢钎、锄头、撮箕、推车、炸药等传统工具和爆破器材，开启通往未来的希望之路。

下乡务农期间，我接触的公社、大队、生产队干部，大多踏实肯干，遇到波折很少怨言。相处的农民群众，能吃苦耐劳，朴实向善。他们认为，随着孩子长大、国家发展，老百姓的日子会跟着好起来。返城后我有时回想，这种动力来自何方？是中国共产党领导翻转农村社会底层的革命，刷新重构了农民的认知，他们相信自己是国家真正的主人。而那个年代多数乡村干部的实干与清廉，与群众有盐同咸、无盐同淡的血肉联系，清贫而彰显公平正义的无声影响，提升了社会主义制度的公信力。这些由领导骨干率先垂范、言行一致累积的精神财富，如一轮光芒四射的红日，照亮了广袤的农村大地。

（作者系湖南省政协原副主席、十七届中央候补委员）

法制经纬

农村土地承包经营纠纷仲裁适用法律的探索

⊙ 董世峰

　　农村土地承包经营纠纷从根本上说是权属和利益的纠纷，权利与义务的交织。农村土地承包从 1981 年至今，已历时 32 年之久，因其涉及的相关法律和政策面多且广，时间跨度长，情况复杂，政策性、法律性、时效性强，在此过程中，中、省、市、县均出台了许多土地承包政策性文件，全国人大、最高人民法院、农业农村部等也出台了《中华人民共和国农村土地承包法》及多个相关法律法规及司法解释，各省也相继出台了地方性《农村土地承包合同管理条例》及《中华人民共和国农村土地承包法》实施办法等地方性法律法规。这些政策、法律法规都有极强的时效性，都有施行的具体起止日期，在仲裁裁定农村土地承包经营纠纷时，就应当选择纠纷发生时，中、省已出台的且在有效期内的相关法律法规和政策为裁决依据。如因法律政策选取不当，就会因裁定不当，无意损害承包合同当事人双方及第三者的合法利益，给农村社会和谐稳定留下新的隐患。

　　根据我国农村土地承包历程，按照相关政策、法律出台的时间先后，以我县为例，将我国农村土地承包历程大致划分为五个阶段：第一阶段为 1981 年第一轮土地承包开始至 1994 年 10 月 1 日《四川省农业承包合同管理条例》实施前；第二阶段为 1994 年 10 月 1 日《四川省农业承包合同管理条例》实施起至 1999 年 7 月 31 日（部分地区是 1997 年、1998 年不等，下同）第一轮土地承包到期止；第三阶段为 1999 年 8 月 1 日第二轮土地承包开始至 2003 年 3 月 1 日《中华人民共和国农村土地承包法》实施前；第四阶段从

2003 年 3 月 1 日《中华人民共和国农村土地承包法》实施起至 2018 年 12 月 31 日止。第五阶段为 2019 年 1 月 1 日《中华人民共和国农村土地承包法》（修改稿）实施起至今。在第一轮土地承包期间，每 5 年开展了一次土地小调整。1997 年至 2002 年间，还有国务院批准公安部户籍制度改革文件，也涉及承包土地的政策问题。

第一阶段

1981 年第一轮土地承包开始至 1994 年 10 月 1 日《四川省农业承包合同管理条例》实施前。这段时间，出现的土地承包纠纷，应该选择纠纷发生时仍然有效的各地土地承包经营政策，或者依据承包农户与发包方——农业生产队（合作社）所签订的《农业土地承包合同书》及《中华人民共和国合同法》等作为仲裁裁决纠纷的依据。

需要注意的是，在此期间，每 5 年开始了一次土地调整。针对不同小调整时期内发生的纠纷，选择适用小调整时期内有效的土地承包政策。1983 年四川省还出台了《四川省农业承包合同管理办法（试行草案）》和《遂宁市农业合作社章程（试行草案）》，这两个地方性法规也是裁决农村土地承包纠纷的重要法律政策依据。

第二阶段

1994 年 10 月 1 日《四川省农业承包合同管理条例》实施起至 1999 年 7 月 31 日，即第一轮土地承包到期止。因 1994 年 7 月 26 日由四川省人大常委会颁布了《四川省农业承包合同管理条例》，有效期到 2002 年 11 月 30 日止，为此，在此期间发生的农村土地承包纠纷，应该选择《四川省农业承包合同管理条例》和《中华人民共和国合同法》等作为仲裁的法律依据。

第三阶段

1999 年 8 月 1 日第二轮土地承包开始至 2003 年 3 月 1 日《中华人民共和国农村土地承包法》实施前。在这个时期，各级政府分别出台了《关于做好第二轮农村土地延包的通知》，最高人民法院 1999 年 6 月 28 日出台了《关于审理农业承包合同纠纷案件若干问题的规定（试行）》（法释〔1999〕15 号），失效时间为 2008 年 12 月 24 日。1997 年 06 月 10 日国务院批转了公安部小城镇户籍管理制度改革试点方案和《关于完善农村户籍管理制度意见的通知》（国发〔1997〕20 号），对农村户口迁入城镇并转为非农户口的，对原承包土地作出了明确的政策规定。针对这段时期发生的农村土地承包纠纷，在仲裁裁决时，应该依据 1999 年承包方与发包方所签订的承包合同、最高人民法院《关于审理农业承包合同纠纷案件若干问题的规定（试行）》（法释〔1999〕15 号），还可以依据《四川省农业承包合同管理条例》，以及 1999 年各级政府出台的关于做好第二轮农村土地延包的相关文件等。

第四阶段

从 2003 年 3 月 1 日《中华人民共和国农村土地承包法》实施起至 2018 年 12 月 31 日止。这段时期出台的相关法律还包括：农业部 2005 年 1 月 19 日发布自 2005 年 3 月 1 日起施行的《农村土地承包经营权流转管理办法》（农业部令 2005 年第 47 号），2007 年 11 月 29 日发布 2008 年 3 月 1 日起施行的《四川省〈农村土地承包法〉实施办法》，最高人民法院 2005 年 7 月 29 日发布 2005 年 9 月 1 日起施行的《关于审理涉及农村土地承包纠纷案件适用法律问题的解释》，2004 年 4 月 30 日国务院办公厅发布的《关于妥善解决当前农村土地承包纠纷的紧急通知》（国办发明电〔2004〕21 号）等法律法规及政策。为此，在此期间发生的农村土地承包经营纠纷，应该针对纠纷发生的时间和性质，选择上述相关法律法规和政策作为仲裁裁决的法律政策依据。

第五阶段

从 2019 年 1 月 1 日《中华人民共和国农村土地承包法》（修正稿）实施之日起至今。即《中华人民共和国农村土地承包法》（修正稿）开始实施后发生的纠纷，修改后出台的《农村土地经营权流转管理办法》，以及自 2021 年 1 月 1 日起施行的《最高人民法院关于修改〈最高人民法院关于在民事审判工作中适用〈中华人民共和国工会法〉若干问题的解释〉等二十七件民事类司法解释的决定》（以下简称《决定》）中涉及农村土地承包经营纠纷的若干司法解释相继出台。为此，在仲裁裁决这个时段发生的承包经营纠纷时，应该选择新修改的《中华人民共和国农村土地承包法》（自 2019 年 1 月 1 日起施行）和《农村土地经营权流转管理办法》（农业农村部令 2021 年第 1 号）（自 2021 年 3 月 1 日起施行）。最高人民法院 2020 年 12 月 23 日最高人民法院审判委员会第 1823 次会议通过的《关于审理涉及农村土地承包纠纷案件适用法律问题的解释》（修正稿），以及《决定》。

需要注意的是，在选择这两部法律及最高人民法院司法解释时，《中华人民共和国农村土地承包法》（修正稿）自 2019 年 1 月 1 日起施行，《农村土地经营权流转管理办法》自 2021 年 3 月 1 日起施行，《关于审理涉及农村土地承包纠纷案件适用法律问题的解释》（修正稿）自 2021 年 1 月 1 日起施行，而不是法律条文中所规定的起始日期。

由于农村土地承包经营纠纷情况复杂，利益诉求多样，涉及关联性法律法规和政策性规定较多，如第一轮及第二轮早期承包经营纠纷可能涉及户籍、国土、林业、计划生育、税费负担等法律法规和政策，在仲裁承包纠纷案件时，在事实调查清楚的情况下，需要结合当时有效的相关政策、法律法规的规定，综合考量后，依法依规及相关政策作出仲裁裁决。

（作者单位：四川省射洪市农业农村局）

前沿报道

从"蚁族"聚居村到现代都市区

⊙ 张英洪

唐家岭村隶属于北京市海淀区西北旺镇，20世纪90年代以来北京快速的城市化，推动了唐家岭村从传统乡村到城乡接合部，再到现代大都市社区的历史性飞跃。

一、基本情况：曾经著名的"蚁族"聚居村

2009年年底，唐家岭村户籍人口3364人，其中非农业户籍人口2039人、农业户籍人口1325人，外来人口5万多人。外来人口相当一部分是在唐家岭村附近中关村企业上班的大学毕业生，他们被称为"蚁族"。

2010年5月，作为全市城乡接合部50个重点改造村之一的唐家岭村，以村民代表大会方式通过自主制定的全村腾退改造方案。2018年10月，唐家岭村委会建制被撤销，结束了村居并存的历史。截至2020年年底，唐家岭社区常住户籍人口1335户3550人，辖区内居住总人口12939人；村域总面积483.06公顷，其中基本农田19.26公顷、园地141.41公顷、林地19.26公顷、规划用地231.58公顷、交通运输用地52.42公顷、水域及水利设施用地16.49公顷、其他用地2.64公顷。

二、唐家岭村城市化转型的主要做法

（一）实行旧村腾退搬迁上楼，集中建设唐家岭新城

2010 年唐家岭地区正式启动整体改造工程，2012 年 7 月开始回迁上楼。根据腾退安置政策，唐家岭村安置房面积按村民原有宅基地面积 1:1 置换。被腾退搬迁户家庭人均面积不足 50 平方米的，可按人均 50 平方米补足。唐家岭村腾退搬迁方案还规定了相关奖励政策。村民腾退旧村建成的唐家岭新城，占地面积 11.7 公顷，总建筑面积约为 34.74 万平方米，共 18 栋住宅 3159 套，居住户籍人口 1335 户。

（二）推进农村集体产权制度改革，成立股份经济合作社

唐家岭村以 2010 年 12 月 31 日为时点进行了清产核资，确认唐家岭村集体资产总额 455412161.49 元，净资产 45514861.17 元。唐家岭村股权设置包括集体股与个人股，集体股占 10%、个人股占 90%，全村共有 1796 人享有基本份额，股东去世与继承人合并入股，最终入股股东 1791 人。

2016 年，唐家岭村经济合作社转制成立唐家岭村股份经济合作社。2019 年 12 月，唐家岭村股份经济合作社完成农村集体经济组织登记赋码换证工作。2020 年，唐家岭村股份社股东每年每股分红高达 4 万元。

（三）实行整建制农转非，实现农民身份市民化

进入 21 世纪以来，唐家岭村集体土地先后被征收 1710 亩，现在尚有集体土地 4170 亩。自 2004 年 7 月 1 日施行《北京市建设征地补偿办法》后，唐家岭村征地转非和整建制农转非均依此实施"逢征必转""逢征必保"政策。在 2006 年前，唐家岭村征地转非 306 人；2006 年，唐家岭村两次征地分别完成劳动力转非 473 人和 200 人，劳动力转非费用为 3376.8 万元；2011 年，唐家岭村完成 921 人征地转非，劳动力转非费用为 6431.6 万元；2015 年 12 月，唐家岭村进行最后一次 280 人的整建制转非，劳动力转非费用为 709 万元。2006 年以后唐家岭村取得征地批复的土地 1703.662 亩，征地补偿金额为 128334.805 万元。

唐家岭村征地转非和整建制农转非一共涉及 2180 人，农转非费用共计 29945 万元，人均农转非费用 13.7 万元。其中：劳动力转非涉及 1871 人，劳动力转非费用共计 13475 万元，人均转非费用 7.2 万元；超转人员 309 人，缴纳超转费用 16470 万元，人均 53.3 万元。由于唐家岭地区整体转非时间比较早，且为了节约转非成本，唐家岭村前期优先安排了超转人员转非工作，所以人均 53.3 万元看起来相对不高。但是根据海淀区西北旺镇 2020 年整建制转非的 6 个村来看，一名超转人员最高转非费用高达 766 万元。

（四）创新集体土地入市方式，率先建设集体公共租赁住房

2012年，唐家岭村经批准，在全国率先开展利用集体产业用地建设公租房试点。唐家岭村公租房建筑面积73749.92平方米，共建成1498套公租房。按照有关要求，唐家岭公租房项目纳入政府保障性住房规划和年度计划，按照每平方米每月55元的价格整体租赁给海淀区住房保障办公室。2017年，唐家岭公租房项目正式移交海淀区住保办统一管理和配租。截至2021年年底，唐家岭公租房居住率达到90%，居住在公租房里的人员基本上都是附近企事业单位的工作人员。2020年，唐家岭村股份经济合作社从公租房项目中收取租金4933万元。

（五）发挥集体经济组织主体作用，发展壮大集体经济

唐家岭村在城市化转型进程中，充分发挥集体经济组织即村经济合作社、村股份经济合作社在集体经济发展中的主体作用。2012年，经北京市政府和海淀区政府批准的唐家岭产业园项目，就是利用集体土地建设的产业园，总用地面积103680.97平方米。唐家岭产业园项目由唐家岭村经济合作社开发建设，建设总投资11亿元。2011年4月，唐家岭村与西北旺镇下属企业北京百旺种植园签订为期20年的土地租赁合同，租赁面积为448亩，年租金为179.2万元。截至2020年年底，唐家岭村集体经济总收入1亿多元。

（六）撤销村委会，实现村庄治理社区化

2002年，唐家岭地区就设立了唐家岭社区居委会。2019年2月，海淀区人民政府正式批复撤销唐家岭村民委员会建制。唐家岭撤村后，唐家岭村股份经济合作社与社区居委会联合办公，各司其职，共同推进工作。股份社的主要职能是发展壮大集体经济，促进集体资产保值增值，切实维护股东合法权益；居委会的职能是办理社区居民的公共事务和公益事业，组织开展社区便民利民服务、公益服务和志愿互助服务等。当社区在服务居民的过程中，出现经费缺口，股份社通过股东代表大会决议，可以向社区提供活动经费。

三、思考与启示

唐家岭村城市化转型提供的最大启示，就是要实现从城乡二元体制中的传统城市化转向城乡一体的新型城市化。

（一）农村集体产权制度改革是维护和发展农村集体和农民财产权利的有效方式

北京市按照"撤村不撤社、资产变股权、农民当股东"的思路和原则推进农村集体产权制度改革，比较公平合理地维护了农村集体和农民群众的财产权利，坚持和发展了新型集体经济，这是城市化进程中城中村和城郊村实现城市化转型发展最为重要的基本经验。唐家岭村的城市化转型就是坚持和受益于这条基本经验。

但国家层面支持农村集体产权制度改革的税收政策法律建设滞后和缺位比较突出。农村集体产权制度改革过程中可能涉及的增值税、企业所得税、土地增值税、资产转移所涉税收、回迁房和农民安居工程所涉税收、集体收益分配税收（红利税）等，都缺乏相应的税收政策法律支持。为深化农村集体产权制度改革，国家层面应当尽快研究出台支持集体产权制度改革和农村集体经济发展的税收制度、财政制度、金融制度，应当减免农村集体产权制度改革中相关税收，加大财政金融支持。

（二）农村集体经济组织是社区投资建设、经济发展和治理的重要主体

唐家岭村集体经济组织在城市化转型发展中发挥了不可替代的作用，主要体现在三个方面：一是发挥了村庄投资开发建设主体作用。唐家岭村经济合作社（股份经济合作社）及其所属公司承担了唐家岭村腾退改造和投资开发建设的重要任务，这就保障了村集体和村民成为村庄城市化建设的主体。二是承担了集体经济发展壮大的主体责任。唐家岭村经济合作社（股份经济合作社）及其所属公司负责集体产业园区建设和其他集体经济发展责任，这与那些将集体经济组织排除在外的村庄经济建设模式形成鲜明对比。三是发挥了社区治理的重要作用。无论是撤村前的村庄社区还是撤村后的城市社区，集体经济组织都是社区治理的重要主体之一，特别是在村庄城市化转型中，集体经济组织具有其他组织都难以具备的文化纽带、情感维系、经济依赖、服务保障等生活共同体功能。

但集体经济组织的发展仍然面临不少问题，需要与时俱进地改革完善。一方面，从外部环境上说，亟须加快构建集体经济组织公平发展的制度环境。另一方面，从内部治理来说，应当高度重视集体经济组织内部治理体系和治理能力现代化建设，维护和发展集体经济组织成员的民主权利和财产权利。

（三）集体建设用地入市是增强村庄自主发展的重大制度创新

农村集体建设用地入市是一项让多方受益的重大制度创新成果。一是实现了城乡接合部地区村庄从低端的"瓦片经济"向中高端的"租赁经济"的成功转型；二是为城乡接合部地区大量外来就业人口提供了相对体面的居住需要；三是为发展壮大集体经济提供了有保障、低风险、可持续的收入来源。

随着新修订的《中华人民共和国土地管理法》及《中华人民共和国土地管理法实施条例》施行，已于2004年7月1日施行的《北京市建设征地补偿安置办法》与上位法及实际情况极不相符，亟须全面系统地加以修改。一是建议由市人大常委会组织开展《北京市建设征地补偿安置办法》的修改工作，统筹兼顾，超越部门利益的羁绊，保障地方立法的公正性和权威性。二是适应乡村振兴和新型城市化发展的现实需要，调整和改变长期以来土地增减挂钩的政策做法，保障和规范城乡接合部地区村庄以及传统乡村地区产业用地的需求。三是保障农村集体经济组织利用集体经营性建设用地入市的自主权，规范集体经营性建设用地入市相关程序，制定公平合理的集体经营性建设用地入市税费政策，保障集体经济组织及其成员依法合理享有集体经营性建设用地入市的收益。

（四）城乡一体化的制度供给是新型农村城市化的迫切需要

在城乡二元体制尚未破除的情况下，农村城市化模式的基本内容有：一是通过政府强制征地，将农村集体土地变性为国有土地，然后在国有土地上进行开发建设；二是通过征地农转非或整建制农转非，将农业户籍身份转变为非农业户籍身份；三是农村集体和农民缴纳巨额费用，将转非农民纳入城镇社会保障体系。唐家岭村的城市化转型，既体现了新型城市化的创新探索，又带有深刻的传统城市化模式的烙印。

新时期推进农村新型城市化，必须坚持和体现城乡一体化发展的根本要求。

一是贯彻落实城乡统一的户籍制度改革政策，停止实行征地农转非和整建制农转非政策。2014年7月国务院《关于进一步推进户籍制度改革的意见》以及2016年9月北京市政府印发的《关于进一步推进户籍制度改革的实施意见》，都明确规定建立城乡统一的户口登记制度，取消农业户口和非农业户口的划分，统一登记为居民户口。因此，征地农转非和整建制农转非已经失去了基本的政策前提，建议尽快修改《北京市建设征地补偿安置办法》中有关"逢征必转"的规定，不再实行征地农转非和整建制农转非。公安部门应当依据城乡统一的户口政策，免费将全市户籍居民户口统一更改登记为居民户口。全市城乡居民只有居住地和职业之分，不再有农业户口和非农业户口之别。

二是贯彻落实《中华人民共和国土地管理法》和《中华人民共和国土地管理法实施条例》，缩小征地范围，保障和规范集体建设用地入市。建议尽快修改《北京市建设征地补偿安置办法》有关建设征地的规定，严格遵守因公共利益需要征收农民集体土地的规定；明确和规范农村集体经济组织使用集体建设用地兴办企业或者与其他单位、个人以土地使用权入股、联营等形式共同兴办企业的相关规定，保障和赋予农村集体经济组织更多的土地发展权，发展壮大集体经济，促进共同富裕。随着城市化和城乡一体化的发展，一个重要现象是，城市也有农村集体土地，也有农业产业；农村也有国有土地，也有非农产业。因此有关"城市土地属于国有、城市郊区和农村土地属于集体所有"的静止性法律规定应当被重新认识和调整。

三是加快推进和实现城乡基本公共服务均等化，改变"逢征必保"政策体系。在城乡统一的社会保障制度建立之前确立的"逢征必保"政策已经不合时宜，建议尽快废止《北京市建设征地补偿安置办法》有关"逢征必保"的规定及其延伸的超转人员生活和医疗保障规定，统一走城乡基本公共服务均等化之路。应当明确的是，不管是否被征地，农民都应有平等享有社会保障的权利。应当按照城乡基本公共服务均等化的政策路径加快提高农民社会保障水平。建议将城镇职工和城乡居民两套基本医疗保险、基本养老保险政策，统一整合为不分城乡、身份和职业的基本医疗保险和基本养老保险。为加快补齐农民社会保障短板，建议从土地出让收入中设立专项资金用于提高农民社会保障水平，可以优先补齐撤村建居地区农民社会保障与市民社会保障的差距。

四是统筹推进城市化中的撤村与建居工作，将社区公共服务供给纳入公共财政保障体系。撤村与建居是城市化中的重大问题，涉及多个职能部门方方面面的工作，需要统筹兼顾，相互衔接。城市化进程中撤销村委会后，原村委会负责的社区公共管理和公共服务事务应当有序移交给社区居委会负责，相关公共产品供给费用应当纳入公共财政保障范围。撤村后保留和发展起来的集体经济组织在社区公共治理中承担重要职责，政府应当对集体经济组织所承担的社区公共服务给予相应的财政补贴，或减免相关税费，合理减轻集体经济组织的社会性负担。

（作者系北京市农村经济研究中心副主任、研究员）

海外窗口

俄罗斯农业的百年沧桑

⊙ 李春辉

俄罗斯（以下简称俄）是大国。大，首先体现在领土面积大，1709.82万平方公里的领土横跨欧亚大陆；大又体现在耕地面积大，121.78万平方公里可耕地面积位居世界前列；大还体现在农业实力大，基于自然条件和国家政策支持，俄现已成为全球农业大国，在国际市场尤其是粮食市场获得了不容小觑的影响力。

从自然条件来讲，俄农业具有明显的先天优势。俄罗斯可耕地面积广阔，农用地占国土面积的12.9%，约2.2亿公顷，人均耕地面积达到0.84公顷，远高于世界平均水平。更重要的是，俄坐拥世界上面积最大的黑土带，土壤肥沃。广阔的耕地面积和肥沃的土壤为俄罗斯农业发展提供了保障。

"强大"对于俄罗斯农业来讲只是当下的现实，却不是历史的常态。

早在20世纪初，俄生产的粮食就可以在满足国内需求的基础上大量出口。1909年至1913年，粮食出口量达到最大值1190万吨，其中小麦420万吨，大麦370万吨。在国际市场上，俄罗斯的粮食出口占世界出口总量的28.1%。

好景不长，俄农业受到第一次世界大战和内战的破坏。据1917年全俄农业普查，农村男性劳动人口比1914年减少47.4%，牲畜数量和播种面积也大幅减少，农作物产量断崖式下降，粮食危机开始蔓延至整个国家。

苏联时期，农业集体化路线带动了生产力的提高。这个时期，苏联政府高度重视农机对于提高生产效率的作用，同时增加农业人口，保证了基本农产品产量的大幅增长。1940 年，苏联农业总产值比 1913 年增加 41%，集体农场和国营农场成为农业的主要生产单位。1978 年，粮食收成达 1.27 亿吨，创造了苏联时期最高纪录。尽管如此，由于苏联对工业尤其是重工业的投入和对农业的投入存在巨大差距，农业生产依旧无法满足国内需求，大量进口粮食成为常态。

20 世纪 90 年代，政局剧烈变动带来的影响波及经济领域，俄罗斯农业也经历了一场严重危机。在 1998 年经济衰退的高峰期，俄罗斯农业产量仅为 1989 年的 53%，约三分之二农田被弃耕，粮食大幅减产，畜牧业下降尤为严重，肉类产量下降了一半以上。可以说，整个俄罗斯农业陷入谷底，一个坐拥大面积耕地的国家居然无法保障民众的面包供应，不免让人痛心。

进入 21 世纪，俄罗斯农业开始触底反弹，农业产量不断刷新历史纪录。

在 2001 至 2002 农业年度，俄罗斯开始大量出口粮食，出口量超过 700 万吨，并进入小麦出口世界前十名行列。

21 世纪头 10 年，俄罗斯农业进入快速发展阶段，粮食产量大涨 57%，畜牧业全面复苏，农业生产结构整体改善。

2016 年对于俄罗斯农业来说是标志性的一年。当年，俄粮食产量刷新苏联解体后的最高纪录，达到 1.19 亿吨。同年，俄小麦出口 2500 万吨，比上年增长 14%，出口量时隔一个多世纪再次领先美国和加拿大，回归世界第一。也是在这一年，俄农产品和食品收入首次超过了武器出口收入。次年，俄罗斯收获了 1.341 亿吨粮食作物，再次刷新纪录。2020 年，俄罗斯的食品出口量在俄近代史上首次超过进口量，食品出口约占俄罗斯出口总收入的 10%。

以上数字表明，从绝对数量上看，俄罗斯已经重回农业大国行列。

数量之上还有质量。

近年来，面对新的外部形势，实行进口替代、保障自给自足成为俄农业发展的重要目标。2020 年，俄罗斯总理米哈伊尔·弗拉基米罗维奇·米舒斯京在向国家杜马作政府工作报告时说，俄罗斯的粮食自给率达到 155%，有粮食出口的潜力。同时，俄罗斯糖的自给率达到 125%，肉制品达到 97%。

毫不夸张地说，俄罗斯近几十年来最惊人的变化是农业和粮食生产领域发生的根本性变化。苏联解体后，农业是国内经济中"内伤"最严重的领域。然而，在短短 30 年时间里，俄罗斯农业一改颓势，从世界最大粮食进口国变成了世界最大小麦供应国。就连西方媒体都在感叹，俄罗斯农业近年实现了"令人难以置信的增长"。

　之所以能够取得如此亮眼的成绩，除了先天条件优渥，国家重视和政策加持功不可没。

　进入新世纪，尤其是普京担任俄罗斯总统后，俄高层高度重视农业在国民经济中的地位，锐意推行改革，不断出台政策，大力支持农业发展。如在生产方面，启动"农工联合体发展"国家优先项目，旨在通过向农业生产者提供大规模国家支持刺激农业发展。该项目至今仍在实施，已累计拨款超过 2.3 万亿卢布。在出口方面，对粮食、肉类等农产品出口实行配额制度，在保证国内需求的基础上开拓国际市场。俄还高度重视粮食安全，2020 年普京批准新版《粮食安全学说》，从国家层面统筹粮食安全。为预防可能出现的国内和国外风险，新版《粮食安全学说》全面考虑俄在主要农产品方面完全自给自足的可能性，同时提升高质量食品的经济适用性。此外，《粮食安全学说》还纳入了蔬菜、水果以及种子自给自足方面的指标。

　较强的粮食生产能力为俄罗斯面对剧烈变化的外部环境注入更多底气。与石油、天然气等矿产资源一样，粮食成为支撑国家经济的重要支柱。2023 年 2 月，普京在讲话中指出，2022 年俄罗斯农民实现了创纪录的收成：粮食收成超 1.5 亿吨，其中小麦超 1 亿吨。到 2023 年 6 月 30 日，俄粮食出口总量将达到 5500 万吨至 6000 万吨。普京表示："在 10 年到 15 年前，这似乎还是一个童话故事、一个完全不切实际的计划……以前，6000 万吨是整个年度的收成，而现在只是出口指标。"

　农业领域的成就让俄罗斯人心生自豪。俄粮食专家表示，小麦是俄粮食出口的主力，出口量居世界第一，俄小麦遍布 130 多个国家和地区，只有南极洲和澳大利亚大陆没有"我们的小麦"。俄农业部预估，到 2024 年，粮食仍将是主要出口商品，出口量将增长 1.5 倍，约占农产品出口的 25%。当前，摆在俄罗斯农业面前的要务已经转变为确保种子安全和出口运输通道畅通。

　回顾过往，俄罗斯农业已经实现了从小到大；展望未来，俄罗斯农业更需要由大到强。

　（作者系中国农业科学院作物科学研究所副研究员）

想说就说

需要重视秸秆禁烧带来小农户退出土地的影响

⊙ 郑佳鑫

2008 年以来，秸秆禁烧政策逐渐在各地铺开，并成为基层的常态化中心工作。禁烧秸秆有减少空气污染、避免交通事故等好处，但是在基层实施的过程中已经呈现出了对农业生产的诸多弊端，引发了农户的不满。对农户而言，禁烧秸秆之后，草害越来越严重，虫害也多，有的地方毒蛇都多了，必须穿胶鞋才能下地干活。不烧秸秆，秸秆还田和秸秆离田是处理秸秆的两种主要方式，但是秸秆还田要求的深翻条件很难满足，还田只能让草害和虫害越来越严重，秸秆离田又高度依赖补贴。如果这两种方式都无法解决，农户不敢烧，部分秸秆就会被农户推到附近的沟渠塘坝，然后水污染也来了。但是，秸秆禁烧的影响不止于农业生产条件恶化带给农户直接的不便利，秸秆禁烧还加速了小农户退出土地的步伐，助推了规模经营的生成。

一是秸秆还田加速了小农机退出生产环节，影响了小农户生产的自主性。粮食作物生产环节已经普遍机械化，区别在于要想不求人，小农户用小农机，大户用大农机。小农户找农机市场服务的价格高于大户，家里通常都买了二手小农机。小农机马力太小，旋耕浅，秸秆还田后地根本翻不下去。小农户对农机的要求不高，能打着火就行，但是如果都不能用于现在的农业生产，只能当废品卖掉了。专业的农机手是不愿意服务分散的小农户的，有农机手表示收小农户一亩三分地的时间够他收大户的 6 亩地，更别说不好下地这些客观因素。受秸秆禁烧的部分影响，农机厂商也在研究马力越来越大的大农机，有些厂商甚至已经不生产小农机了。

结果就是小农户农机使用的自主性受到了限制。在凤阳县某乡镇调研时发现，小农户持有小农机的比例非常高，对他们是否从事农业生产的影响很大。持有一套小农机的农户更不愿意流转土地，而小农户常常是在农机坏了后就不种地了，有小农户不种地的导火索是柴油机坏了。

二是秸秆还田倒逼机插秧的推广，小农户的生产进一步受限。目前水稻种植有三种方式：一是人工插秧，二是旱直播，三是机插秧。人工插秧是传统的水稻种植方式，费工费力，在农村人口大规模流出的背景下人工插秧的成本节节攀升，地方插秧队的人数也在逐年减少。淮南市某乡镇去年人工插秧的成本是 320～330 元／亩（含种子），今年已经涨到了 360 元／亩。旱直播是近些年更受农户欢迎的种植方式，不需要育秧和插秧，又省时省工。但是旱直播最大的问题是容易长草。本来秸秆还田后，难以腐烂的秸秆带着大量草籽一起还田，草害就严重，甚至越用除草剂草的耐药性越强。去年有的村悬赏 20 万请人来杀草，都没人敢来。人工插秧成本太高、旱直播不可持续，所以机插秧就成了第三个选择。育秧工厂是这几年政府正在推广的农业项目，是提供育秧和机插秧服务的主要主体。机插秧成本没有人工插秧高，草害比旱直播可控。相比于小农户还可以人工拔草，大户无疑受草害影响更大，对机插秧的接受程度更高。育秧工厂也更愿意拥抱大户，有的育秧工厂表示给小农户服务收不回成本，明年要把小农户全都踢掉，有的育秧工厂还愿意服务小农户，但是小农户基本丧失了选种的自主权。对于选择机插秧的小农户来说，他们的生产自主性受到了限制。对于继续采取人工插秧和旱直播的小农户来说，当周围的田块都是机插秧时，用水的差别也会影响到小农户的生产，有的小农户就直接把地流转给了周边的大户。

三是秸秆还田后生产成本提高，挫伤小农户积极性。第一，深翻增加了一次旋耕，每亩增加成本 40 元左右；第二，种子经常扎根在秸秆上，发芽率降低，需要投入更多的种子获得跟之前相同的产量。比如小麦种子投入量增加近 20 斤，增加成本 40 元左右；第三，农药和除草剂的用量大大增加，每亩增加 40 元以上。比如水污染发生后需要净化水质，底改的农药一亩地至少要用 3 次，至少增加 18 元的成本。总体来说，秸秆还田后，小农户增加了每亩 100 元以上的成本。再加上近些年粮价总体保持稳定，农资和农机成本却都在提高，小农户种地的利润更是所剩不多。有的小农户干脆把地流转出去，不种地了。

四是农业治理便利成了基层政府推动土地流转的动力之一。秸秆禁烧是基层常态化的中心工作，在卫片执法出现后，管理越来越刚性化。秸秆禁烧时期，从县到村各级投入大量人力物力进行监管看守。皖北某村设了三个监测点，乡镇干部、县里企事业单位工作人员以及村里的小组长、老党员都要参与驻点。皖南某村在秸秆禁烧时村干部天天下地巡逻、24 小时值班，村里至少有 6 个看守棚，30 个巡逻人员。上级政府给该村的秸秆禁烧专项经费是每亩 10 元，村里还要倒贴钱，更别提每年村干部要预交的保证金。因此，以高标准农田整治等项目为契机，基层政府在完成小田并大田的同时有推进土地流转的动力。毕竟，如果土地流转的比例够高，规模经营主体替代了小农户，不论是乡镇还是村集体做工作都方便。有村干部表示"土地流转后，秸秆禁烧工作好做了，不用天天下地，出现火点就可以直接找大户"。

秸秆禁烧政策实施以来给农民的生产带来了诸多不便，同时还产生了意外后果，即小农户生产的自主性和积极性受挫，小农户退出土地的步伐提前，规模经营的步伐越来越快，土地对小农户的保障功能就趋于弱化。有基层干部表示"农民现在最苦的就是秸秆禁烧，再这样下去，等到农民对地的心寒了，大家都不种地了，谁来保护国家粮食安全"。秸秆禁烧政策在基层已经实施了十余年，各种利弊在地方上已经显现出来，是时候重新对政策进行调整和完善了。

（作者系武汉大学社会学院博士生）

乡村振兴金融服务需要讲好乡村振兴故事
——读陆福兴《中国乡村振兴示范村：十八洞村》

⊙ 凌云

一次学术交流，在安徽大学政治与社会学院，我有幸结只湖南师范大学乡村振兴研究院陆福兴教授。在言谈中了解他对中国乡村振兴是如此倾注真情，尤其他善于总结书写乡村振兴的故事。花了将近两个月时间，我仔细研读他的新著《中国乡村振兴示范村：十八洞村》，颇有收获。系列脱贫攻坚的故事和一种精准扶贫精神，激起我对乡村振兴事业的热爱，以及对金融服务更多的思考。

一、神奇的"十八洞村"—由积弱积贫变成令人向往的美丽苗寨

十八洞村地处湖南武陵山腹地湘西土家族苗族自治州（以下简称湘西州）花垣县双龙镇西南部。全村有 4 个自然寨、6 个村民小组、220 户人家，人口不到千人。村里民族风情浓郁，苗族原生态文化保存完好。这里是一块神奇的地方，具有流传久远的神奇传说——村里的苗族人是古夜郎国的后裔。这里有许多溶洞，其中较大的有十八洞，洞洞相连，他们躲过战乱，在此休养生息，繁衍后代。2005 年，当地将飞虫村和竹子村合并为一个村，以洞名作为村名，十八洞村由此得名。但是由于处在大山深处，交通闭塞、自然禀赋先天不足，十八洞村成为湖南深度贫困村之一。该村山多田少，人均耕地只有 0.83 亩，有贫困户 136 户 542 人。2013 年，那里的人均纯收入仅 1668 元，为当年中国农民人均纯收入的 18.75%，是当地有名的贫困村。

2013 年 11 月，习近平总书记来到湘西州十八洞村考察，首次提出"精准扶贫"。从此，十八洞村开始一天天发生翻天覆地的变化。当地政府精准施策，通过发展猕猴桃产业、建设山泉水厂、苗绣、牛羊养殖、"农家乐"旅游以及兴建小水电等，扎实推进脱贫攻坚。2017 年，十八洞村脱贫摘帽。到 2019 年，十八洞村年人均纯收入超过 14400 多元，是精准扶贫前的 8.6 倍，村集体经济从零增长到 200 万元。

二、乡村振兴要破除固有的思想羁绊

过去很多年，十八洞村一直受穷，原因何在？十八洞村不仅生活贫困，而且思想更加贫困，成为精准扶贫的一大障碍。存在"等靠要"思想，如想着政府扶贫给钱款，而不是想怎样借政府政策支持之力发展产业；搞乡村旅游受阻，十八洞村具有得天独厚的旅游资源，是一个发展乡村旅游的好地方，但有村民表示反对；建水厂村民也不支持，有村民认为十八洞村建水厂没有必要，人家不会跑到这个深山沟里来买瓶矿泉水喝。再如，修马路也极力阻止，险些酿成群体性事件。

针对十八洞村村民思想问题，政府派来的扶贫工作队首先从统一思想工作做起。善于做宣传工作的扶贫工作队队长龙秀林，带领工作队深入调研后认为，必须调动"四方面力量"。他们探索了一套以道德和诚信的力量约束村民的管理模式，即"思想建设星级化管理"模式：结合十八洞村村民在公益事业建设、文明礼貌、同建同治、赡养老人、尊老爱幼、集体荣誉、计划生育等工作中的表现划分为五个星级，根据一定的标准进行评比，取得了可喜的成效。一是调动了留守妇女的力量。成立了苗绣专业合作社，让留守妇女在家里创业，稳定了家庭。二是调动了青年人的力量。成立了十八洞村青年民兵突击队，村里基础设施建设中的重点、难点工作使突击队有了用武之地，突击队成为村民不可或缺的帮手，成为常委会、支委会的得力助手。三是调动了外出打工人员的积极性。通过组织培训，使外出人员有一技之长。四是调动了留守老人的积极性。通过突击队，为留守老人解决一些劳动力问题，帮助他们克服困难，鼓励留守老人学习打草鞋，对接旅游市场。

三、注重发展多元产业是乡村振兴的正确路径选择

十八洞村按照习近平总书记"因地制宜，发展生产"的指示和湖南省领导"跳出十八洞建设十八洞产业"的精准扶贫发展思路，针对十八洞村人均耕地面积少

且耕地布局分散的实际,首先发展种植业。选择发展种植猕猴桃作为主导产业,成立猕猴桃开发专业合作社,与苗汉子合作社共同组建股份有限公司——十八洞苗汉子果业有限公司,对猕猴桃产业进行公司化运作。此外,还因地制宜、因人而异推进传统产业多元发展。如,种植烤烟、野生蔬菜和西瓜。

其次,发展苗绣产业。通过开展技术培训、研发创新产品、打造知名品牌、扩大产品市场以及组建苗绣合作社等,大力发展苗绣产业,不仅解决了留守妇女们的就业问题,而且扩大了十八洞村苗族传统文化品牌影响。

第三,发展旅游产业。把十八洞得天独厚的自然风光变成得天独厚的旅游资源,把得天独厚的自然景观优势、淳朴民俗民风、传统民居特色与习近平总书记前来走访调研的影响力紧密结合起来,将十八洞村打造成精准扶贫教育基地和美丽乡村旅游胜地。组建十八洞旅游有限公司,大力发展农家乐。截至2019年年末,十八洞农家乐已发展到8家,农家乐作为休闲度假的一个时尚品牌,已成为十八洞乡村旅游和湖南省及其周边省市游客休闲度假产品的重要组成部分。

四、乡村振兴需要加强乡村治理

十八洞村不仅重视产业发展,而且着力加强乡村治理。排碧乡党委、乡政府将十八洞村定为该乡同建同治工作示范点。十八洞村成立了由村支书任组长,村委会、支委会成员共同参与的同建同治工作领导小组,负责抓好全村同建同治的具体工作。

1. 打造平安高地。

十八洞村本着"小事不出村,大事不出镇,矛盾不上交",以城乡同建同治、网格服务管理、一村一警为抓手,形成"诉求格中报、人在格中管、事在格中办"的新治理格局。健全"三个机制",即健全总揽全局、协调各方的党委领导机制;健全联动融合、集约高效的政府治理机制;健全开放多元、互利共赢的社会协同机制。切实发挥"四个作用",即充分发挥群众自治的基础作用,充分发挥法治建设的保障作用,充分发挥道德建设的教化作用。

2. 坚持党建引领。

十八洞村以村委会、支委会换届为契机,把党性强、能力强、改革意识强、服务意识强的优秀党员选拔为村党支部书记，并注重从农村致富能手、回乡大中专毕业生、外出务工人员、转业退伍军人、经济合作组织负责人和产业致富带头人等人群中选拔优秀人才进入村委会、支委会班子，优化班子结构，强化班子政治思想建设、政治建设和能力建设，不断提升班子的凝聚力和战斗力。创新承诺兑现制、绩效考核制、坐班服务制、代访代办制、结对帮扶制、群众评议制等"六制"党建工作法，激发党员的先锋模范作用。此外，还注重乡规民约对村民的约束，如提炼出《十八洞村村规民约"三字经"》。

3. 打造"五兴"治理模式。

即学习互助兴思想、生产互助兴产业、乡风互助兴文明、邻里互助兴和谐、绿色互助兴家园。十八洞村以"153"机制推动农村"五兴"互助基层治理模式落地，即 1 个互助组，围绕"五兴"内容，按照"建、诺、评"3 种方式开展互助。建立互助小组，结成利益共同体；围绕五个方面确定任务并公开承诺，落实互助措施，帮助解决实际问题；村党组织年终结合民主评议、村民代表大会、村民议事会等形式，对"五兴"互助组开展评比。

五、新金融——助力乡村振兴金融服务的新引擎

陆福兴教授在其著作《中国乡村振兴示范村：十八洞村》讲述的一个个生动的精准扶贫和乡村振兴实践故事，启示我们乡村振兴是破解城乡"二元结构"的伟大战略之举，做好乡村振兴金融服务是一件功在当下、利在长远的美好事业。我们要以新金融行动积极为促进乡村振兴赋能，为实现人民美好生活的向往而贡献新时代金融人的力量。新金融是以数据为关键生产要素、以科技为核心生产工具、以平台生态为主要生产方式的现代金融供给服务体系。作为国有大型商业银行的建设银行，坚持以习近平新时代中国特色社会主义思想为指引，聚焦"三农"领域，将金融服务下沉，以新金融的雨水滴灌广袤的乡村，持续巩固脱贫攻坚成果，躬耕细作，创新探索乡村振兴解决方案。

1. 支持乡村振兴带头人发展产业。

重点关注和扶持村"两委"干部、农技人员、种植大户、退伍军人、商超业主、乡村医生、返乡大学生等致富带头人，依托金融科技和大数据，构建新的审

批和风控模型,创新推广"新社区工厂贷""裕农快贷""党建惠农贷"等针对性强、匹配度高、操作简单的信用类产品。

2. **因地制宜支持农村差异化金融服务**。

围绕城乡融合,积极探索"乡村振兴＋住房租赁"模式,支持发展乡村休闲旅游以及老年人集中康养居宅建设等。围绕农业农村发展,支持高标准农田建设,推广土地流转平台,创新"裕农快贷"等服务农村集体经济组织和农户的特色金融产品。围绕农业规模化经营,支持优良种质选育等技术攻关,创新融资租赁等服务农机下乡,支持当地龙头企业、合作社、家庭农场等开展生产托管和规模化经营。

3. **助力乡村治理**。

依托基本覆盖全国所有乡镇及行政村的 50 多万个建行"裕农通"普惠金融服务点,将智慧政务连接到村、金融服务延伸到村、交易场景搭建到村、培训课堂下沉到村、阳光村务应用到村。坚持党建引领,主动融入地方治理布局,聚合"党建资源＋新金融资源",通过结对共建等方式解民忧、纾民困、察民情、暖民心。

（作者单位：中国建设银行安徽省分行）

图书在版编目（CIP）数据

中国乡村发现.总第65辑 2023（3）/陈文胜主编.—长沙：湖南师范大学出版社，2023.11

ISBN 978-7-5648-5213-9

Ⅰ.①中… Ⅱ.①陈… Ⅲ.①农村－社会主义建设－中国－丛刊 Ⅳ.①F32-55

中国版本图书馆CIP数据核字（2023）第238002号

ZHONGGUOXIANGCUNFAXIAN

中国乡村发现　总第65辑 2023（3）

陈文胜　主编

出 版 人｜吴真文
责任编辑｜彭　慧
责任校对｜胥　烨

出版发行｜湖南师范大学出版社
　　　　　地址：长沙市岳麓区麓山路36号　邮编：410081
　　　　　电话：0731-88853867　88872751
　　　　　传真：0731-88872636
　　　　　网址：https：//press.hunnu.edu.cn/
经　　销｜湖南省新华书店
印　　刷｜长沙雅佳印刷有限公司

开　　本｜710 mm×1000 mm　　1/16
印　　张｜10
字　　数｜180千字
版　　次｜2023年11月第1版
印　　次｜2023年11月第1次印刷
书　　号｜ISBN 978-7-5648-5213-9

定　　价｜25.00元